सात घूँघट वाला मुखड़ा

सात घूँघट वाला मुखड़ा

अमृतलाल नागर

राजपाल

स्थापित 1912
100 वर्षों की
श्रेष्ठ प्रकाशन परम्परा
राजपाल

₹ 225

ISBN : 9788170288213

SAAT GHUNGHAT WALA MUKHARA (Novel)
by Amritlal Nagar

मुद्रक : शिव शक्ति प्रिंटर्स, दिल्ली

राजपाल एण्ड सन्ज़

1590, मदरसा रोड, कश्मीरी गेट, दिल्ली-110006
फोन : 011-23869812, 23865483, 23867791
website : www.rajpalpublishing.com
e-mail : sales@rajpalpublishing.com
www.facebook.com/rajpalandsons

स्व. रतन
(प्रख्यात सिनेमेटोग्राफर रतनलाल नागर)
की मधुर पावन स्मृति को
—भाई

यह इतिहास नहीं, ऐतिहासिक चरित्र-प्रधान उपन्यास है। तिथियों और घटनाओं के क्रम-परिवर्तन मनोवैज्ञानिक स्थितियों के अनुसार इसमें कर लिये गए हैं, क्योंकि बेगम समरू का इतिहास प्रामाणिक होते हुए भी उसकी बहुचर्चा के कारण किंवदंतियों से भरा हुआ है।

—अमृतलाल नागर

एक

अहाते की उजाड़ पड़ी रहने वाली खंडहर कोठरी में बशीर खाँ अपनी बन्दूक साफ कर रहा था। ज़रा-से खटके से उसकी सहमी हुई नज़रें चौंककर उठ जाती थीं। धूप गली के पीपल की चोटी से उतरकर अब सामने वाली छत की मुँडेर पर आकर पसर चुकी थी। बशीर खाँ की चोर नज़रों से जब पकड़े जाने का डर मिटा तो मुँडेर से नीचे उतरती हुई धूप उसे ऐसी लगी मानो कोई अल्हड़ चिलबिली लड़की मुँडेर से टाँगें लटकाए बैठी हो और किसी भी वक्त झम्म से बशीर खाँ के अहाते में कूद पड़ने को तैयार हो। इस ख्याल से तबीयत में ताज़गी आई, जी हल्का ही नहीं खुश भी हो उठा। टोपीदार बन्दूक की सफाई नये जोश में होने लगी, मौन में हल्के-हल्के गाना भी शुरू कर दिया–

अगर आँ तुर्क शीराज़ी बदमस्त आरद दिलेमारा।
बख़ाले हिन्दुपश बख्शम समरकंदो बुखारा रा॥

बशीर खाँ के मन का चोर अब पूरी तरह से उसके काबू में आ चुका था। मुन्नी उर्फ दिलाराम को साफ़-साफ़ यंह बतलाना ही होगा कि गो वह उसे चाहता ज़रूर है पर उसका पिछले पाँच बरसों का इश्क महज़ एक फरेब था। उसके अब्बा ने जब मुन्नी को खरीदा था तब बैठकखाने में बेहोश पड़ी उस हुस्न के गुलाब की नायाब कली को देखकर कहा था, ''यह हुकूमत करने के लिए पैदा हुई है, इस पर हुकूमत की नहीं जा सकती। बशीर को इसे इश्क के जादू से बाँधकर राह पर लाना होगा।'' शकूर खाँ ने अपने आला तस्वीरनिगार और बड़ी-बड़ी दिलफरेब आँखों वाले बेटे को कसम दिला दी थी,''मैं तुम्हारी मर्दानगी और सआदतमन्दी का इम्तहान ले रहा हूँ। आग को सर पर रखकर चलना है, और वह भी दस्तार से ढककर इस तरह से चलना है कि चाहे सर जल जाए, पर पगड़ी पर आँच न आने पाए।...'' पुराने लोग बात किस अन्दाज़ से कहते थे! बशीर को अपने अब्बा की याद आ गई। उन्हें मरे अभी पूरा साल भी नहीं गुज़रा।

ख्यालों में फिर परछाईं-सा कोई आ गया। बशीर खाँ की नज़रें फिर उठीं। सचमुच, मुन्नी ऊपर की सीढ़ियों से बदहवास उतर रही थी। बशीर खाँ ने पलक

झपकते अपने मन को पत्थर बना लिया, बन्दूक की सफाई में यों लग गया जैसे कि मुन्नी के आने की उसे कोई खबर ही न हो। गुनगुनाहट ज़रा ऊँची हो गई—"अगर आँ तुर्क शीराज़ी बदमस्त आरद दिलेमारा...।"

हुस्न की मलिका मुन्नी उर्फ दिलाराम बन्दूक की सफाई में लगे बशीर खाँ को एकटक देखती रही। उसकी कशिश-भरी काली आँखों में एकाएक ठहराव-सा आ गया था, जैसे बेतहाशा दौड़नेवाला घोड़ा मालिक के लगाम खींच लेने पर एकाएक ठिठक गया हो। इस ठिठकी हुई नज़रों से मुन्नी अपने आशिक के बदले रुख को देखती और पहचानती रही। बशीर खाँ ने जैसे उसे न देखने की कसम खा ली हो, मानो वह डर रहा था कि मुन्नी की जादुई आँखों से आँखें चार होते ही वह अपने वश में न रह सकेगा। मुन्नी उसके इस रुख को देखकर मन-ही-मन टूट गई। उसे यकीन हो गया कि महबूबा की बात सच है, बशीर ने उसे बेच दिया। लड़खड़ाई हुई आवाज़ में उसने कहा, "मुझे तुमसे यह उम्मीद न थी।" बशीर ने जैसे सुना ही नहीं। मुन्नी का भरोसे भरा दिल आँसुओं का समन्दर बन गया। सिसकियाँ लहरों-सी उमड़ने लगीं, काँपती आवाज़ में इतना ही कह सकी कि "आखिर मैंने तुम्हारा क्या बिगाड़ा था!" फिर धम से बैठ गई, जैसे बगैर नींव की इमारत ढह पड़ी हो।

बशीर खाँ ने उसकी ओर देखे बगैर ही बड़े ही भोले अन्दाज़ से पूछा, "मुझसे कुछ कह रही हो दिलाराम?"

मुन्नी चिढ़ उठी, "अगर तुम पत्थर नहीं हो तो तुम्हीं से कह रही हूँ।"

"और फर्ज़-कर्दम, पत्थर हूँ तो।"

दिलाराम ने झटके से सिर उठाकर बशीर खाँ को देखा। आँसुओं का दरिया बाँध तोड़कर उमड़ पड़ा। बशीर खाँ के पैरों पर अपना सर पटकते हुए वह बोली, "तो इस घर से निकाले जाने के वक्त मैं इन्हीं कदमों पर अपना सिर पटक-पटककर मर जाऊँगी। मैं तुम्हें छोड़कर हरगिज़ नहीं जाऊँगी। हरगिज़ नहीं, हरगिज़ नहीं।"

बशीर खाँ का कलेजा हिल उठा। थोड़ी देर तक वह अपने काबू में न रहा, मुन्नी के सर को उसका हाथ बेसाख्ता थपथपा उठा। मगर वैसे ही अब्बा की कसम होश पर गोली-सी बनकर लगी; दिल बन्दूक की नली की तरह फौलाद बन गया। अपने गम को असल से नकल बनाते हुए ठंडी साँस लेकर वह बोला, "आह जानेमन, चार-छः रोज़ तक मैं तुम्हारे गम में ठीक तरह से खाना भी न खा सकूँगा...मगर ...मगर उसके बाद ये कारबारे दुनिया फिर से मुझे अपने में समा लेगा।...तुम्हारा जान देना बेकार है जानेमन!"

मुन्नी पर जैसे गाज गिर गई। पानी से डूबनेवाला इन्सान एक बार तल तक जाकर फिर उछलता है वैसे ही दिलाराम का दिल टूटकर फिर उभरा और इस बार उसमें दुःख के बजाय नफरत भर चुकी थी। बशीर के पाँवों को छोड़कर उसने अपना सिर ताना और तमतमाए हुए चेहरे से कहा, "बेवफा।"

"कौन, मैं...? तब तुम यह जानती नहीं मुन्नी, कि वफादारी कहते किसे हैं।" इतना कहकर बशीर खाँ ने पहली बार मुन्नी से आँखें मिलाईं, प्यार भरी आवाज़ से कहा, "तुम्हारे भले के लिए मैं खुद अपनी ज़िन्दगी को बुरा बना रहा हूँ। पत्थर का बुत भी अगर तुमसे इश्क करता तो पिघल जाता, फिर भला मेरी क्या बिसात है!...नवाब समरू के आदमी ने जब मुझसे तुम्हारी माँग की तो...खुदा जानता है, मेरे अन्दर ज़िन्दगी की शमा जलते-जलते एकाएक झक् से बुझ गई थी...मगर..."

"मगर ?" मुन्नी का सवाल कटार की तरह बशीर खाँ की बनावट पर हमला करने के लिए उठा, मगर बशीर की चालाकी ने उसे चट् से अपनी ढाल पर रोक लिया, जवाब दिया, "अब्बा कहते थे, यह हसीना मलिका बनने के लिए पैदा हुई... तुम एक बहुत बड़े सिपहसालार की मलिका बन जाओगी दिलाराम! जानती हो, जर्मनी के नवाब की इस वक्त क्या हस्ती है? सुना है, आगरे में उसके महल की सजावट के सामने इस वक्त लाल किले की सजावट भी हेच है। विलायत का सबसे बड़ा नवाब है।"

बातें सुनते-सुनते दिलाराम का चेहरा सख्त हो गया था। चिढ़कर बोली, "विलायतों के नवाब शरीफ नहीं लुटेरे होते हैं। मुझे याद है, पिछली बार जब दिल्ली में इसी समरू के आदमी तुम्हारे आदमियों की मदद माँगने आए थे तो अब्बा जन्नतमकानी ने तुमसे क्या कहा था..."

"अरी दीवानी, वह पुराने लोगों की बातें थीं। वे नये हालात को समझते नहीं थे। वे यह नहीं देख रहे थे कि वहाँ के लुटेरे भी इतने होशियार और चालाक हैं कि यहाँ आकर नवाब बन जाते हैं। यही समरू पहले फिरंगियों की फौज में एक मामूली सिपाही बनकर आया था। मगर आज क्या हैसियत है उसकी ! कभी अंग्रेज़ों को छकाया, कभी फिरंगियों को चूना लगाया, फिर देशी राजे-नवाबों को उनकी अक्ल के रेगिस्तान में अपनी जादुई अक्ल की घास चराई। और अब जाटों और रुहेला सरदार झपेटा खाँ की किस्मत के पत्थरों पर अपने नसीब का उस्तरा सफाई से पैना कर रहा है ताकि कल किसी और को—हो सके तो खुद मुगल बादशाह शाहे-आलम को—मूड़ सके। तब तुम दिल्ली के बादशाह की मलिका हो जाओगी। मैंने अपनी समझ से तुम्हारी किस्मत का कोहेनूर-सा आदमी चुना है जानेमन!"

दिलाराम के दिल का सोना असलियत की भट्टी में तप-तपकर पिघल और ढल रहा था। कल शाम जब उसकी बाँदी और सहेली महबूबा ने उसे बतलाया कि बशीर खाँ ने दस हज़ार सोने की अशर्फियों पर उसका सौदा पक्का कर लिया है तो उसकी भोली-भाली मन की दुनिया में एकाएक प्रलय-सी आ गई थी। उसका सपनों का संसार पानी के बुलबुलों की तरह एकाएक गायब हो चुका था। कल शाम से लेकर अब तक वह एक पल नहीं सोई है। बशीर खाँ से मिलने के लिए रात-भर बावली हवा के झोंकों-सी इधर-उधर घर भर में डोलती रही है।...

कहाँ तो वह सोचती थी कि शकूर खाँ के मरते ही वह बशीर खाँ की बीवी बन जाएगी। समझती थी कि शकूर खाँ का लालच ही बशीर खाँ की बेबसी है... मगर बशीर अपने बाप से भी बड़ा लालची निकला। उफ्! पिछले पाँच बरसों में इसने कितना ढोंग किया मुझसे! मैं हर पल इससे ठगी गई। मेरा हर सच झूठ निकला! दिलाराम रात-भर तप-तपकर जिस नये होश को पाती रही थी उसके पीछे एक धोखा था मगर तब भी वह अपने टूटते दिल के सहारे साँसें पालती रही थी कि बशीर खाँ उससे नज़रें मिलाते ही फिर उसका हो जाएगा, सोने की अशर्फियाँ विलायती नवाब को लौटा दी जाएँगी। मगर वह आखिरी धोखा भी अब आँखों के सामने से हट चुका। जिस बशीर खाँ को देखकर उसका मन हरदम हरखता रहता था, वही अब दिलाराम को फूटी आँखों नहीं सुहा रहा है। वह आदमी ही क्या जिसे दिल की कद्र न हो। इन्सान का दिल दुनिया की सारी दौलत से भी कहीं ज़्यादा कीमती है। इस लालची ने मेरे दिल की कदर न की। बड़ा धोखेबाज़ निकला।

और वह धोखेबाज़ बड़ी पाक-साफ नज़रों से उसे देखते हुए कह रहा था, "मुझे यकीन है कि मैं अपनी मुन्नी को ज़रूर ही लालकिले की मलिका के रूप में देखूँगा। मुझे समरू की सियासत पर यकीन है। वह बड़ा ही हुनरमन्द है।"

"तुमसे भी बड़ा हुनरमन्द है?" मुन्नी ने ताने से पूछा। बशीर उस ताने को पी गया और सहज भाव से बोला, "ओह जानेमन, बहुत बड़ा। अरे, मैं तो महज पराई औरतों-लड़कियों को ही बेचता हूँ मगर वह चुटकी बजाते खड़े-खड़े पराई जागीरें बेच डालता है। तुम यकीन मानो दिलाराम, मैं झूठ नहीं कहता। यह वाल्टर रेनहार्ड नाम का विलायती शातिर एक दिन समूचे हिन्दोस्तान को बेचकर मुनाफा अपनी जेब में न रख ले तो मेरा नाम बशीर खाँ नहीं।"

अपने नये मालिक के लिए दिलाराम के मन में रात-भर किसी कोने में एक कौतूहल जो बराबर पलता रहा था, एकाएक गम्भीर होकर सामने आ गया। उसने बशीर खाँ के मुँह से अभी-अभी अपने नये मालिक के दो नाम सुने। समरू नाम तो पिछले डेढ़-दो बरसों में, बाप-बेटे की घरेलू बातों में वह दो-तीन बार सुन चुकी थी, मगर उसी का एक नया नाम सुनकर वह सहसा पूछ बैठी, "यह समरू का असली नाम है?"

"हाँ, समरू तो बस यों समझ लो कि जैसे अपने पड़ोसी नवाब सिकन्दर खाँ को उनकी मनहूस सूरत, डरावनी आँखों और घुन्ने-चिड़चिड़े मिज़ाज की वज़ह से लोग-बाग चोरी-छिपे लकड़बग्घा नवाब कहते हैं न, बस उसी तरह से तुम्हारे होने वाले खसम का नाम भी एक फिरंगी लफ्ज़ से बिगड़कर हिन्दुस्तानी हो गया; जैसे कि वह खुद हिन्दोस्तानी लिबास पहनने का आदी हो गया है। हः हः हः।"

"बशीर!" दिलाराम ने इस अन्दाज़ से कहा कि जैसे वह उसकी इस बनावटी हँसी और बात कहने के ढंग से तंग आ चुकी हो और बड़े लाड़ और विनय के साथ

उससे फिर सदा जैसा हो जाने की मिन्नत कर रही हो। बशीर उसके साथ यह खिलवाड़ करने के लिए तैयार था, जवाब में उसने भी वही प्यार जतलाया। दिलाराम कहने लगी, ''याद है मेरे यहाँ आने के शायद तीसरे या चौथे दिन की वो बात, मुझे ज़िद की सज़ा देने के लिए जब तुम्हारे अब्बा ने गुस्से में मारने के लिए छड़ी उठाई थी और तुम अचानक बीच में आ गए थे? और वह मार तुमने झेली थी?''

''हूँ-हूँ।''

''तुमने अपनी वालिदा से कहा था कि अब्बा अगर मुझे ज़िन्दा देखना चाहते हैं तो अब से मुन्नी पर जोरो-जुल्म न होगा। वह मेरी होगी और मैं उसे दिलाराम कहकर पुकारूँगा; उसे हर तरह से लायक बना दूँगा। मेरी मर्ज़ी के खिलाफ वह कभी बेची न जाएगी।''

'' बार-बार वही बात, छिः! तुम्हारी ज़िन्दगी को चमकाने के लिए ही मैंने अपने दिल पर यों पत्थर रखा है।'' बशीर के इस चालाकी-भरे जवाब ने मुन्नी को फिर चिढ़ा दिया। तड़पकर बोली, ''पत्थरों के बोझ को सँभालनेवाले दिल की कैफियत ही कुछ और होती है बशीर खाँ, वह कम-अज़-कम दिल तो होता है। मगर तुम्हारे कलेजे में तो जानवर बैठा है। जानवर को सिर्फ किसी लालच की रस्सियों से बाँधकर ही खींचा जा सकता है, बतलाओ कितनी रकम मिली?''

''नज़रे-बद्दूर, तुम्हारा यह हुस्न जानवर ही क्या बड़े-बड़े तानाशाहों को भी बेबस बनाकर अपनी ओर खींच सकता है।''

''रहने दो ये अपनी मुँहदेखी बड़ाइयाँ। मैं तुमसे असलियत बतलाने को कह रही हूँ।''

''असलियत यह है मुन्नी, कि तुम्हारी यह आम की फाँकों जैसी बड़ी-बड़ी, खोई-खोई, काली-काली, हिरनी जैसी मासूम निगाहें...(ठंडी साँस लेकर) क्या कहूँ जानेमन, हुस्न के पास नज़र और दिल के ज़बान नहीं होती। देख लेना, सबको अपनी उँगलियों पर नचाने वाला यह समरू तुम्हारी नज़रों की डुगडुगी पर पालतू बन्दर-सा नाचने लगेगा।''

मुन्नी के मन से कविता कपूर की तरह उड़ चुकी थी। वह अपने-आपको आनेवाले भविष्य के लिए मन से समर्पित कर चुकी थी। सौतेले भाई के अत्याचारों से मजबूर होकर जब अपनी माँ के साथ मेरठ से चली थी तब फूट-फूटकर रोई थी। अपना शहर, अपनी गली, पास-पड़ोस की हमजोलियों, वह अपने आँगन का नीम का पेड़—उस वक्त उसके किशोर मन में प्रेम और वियोग की यह परिभाषा थी। लेकिन वह सब छूटा; डाकुओं के हाथों में पड़कर माँ भी किस्मत ने छुड़वा दी। मन के बड़े-बड़े मोहों से मुन्नी जब मोर्चे हार चुकी तो यह बशीर खाँ का बिछोह भला उनके आगे क्या है! मगर आज इसको छकाकर ही जाऊँगी। इन्सान के भेस में छिपे हुए जानवर को जानवर ही साबित करके जाऊँगी। उसने और

पैने होकर कहा, "हौसला अफ़ज़ाई के लिए बहुत-बहुत शुक्रिया, मगर यह मेरी बात का जवाब न था। मैं जानना चाहती हूँ कि तुम्हारे अन्दर वाले मुनाफाखोर दरिन्दे ने मेरी कितनी कीमत आँकी?"

"अपने इस चाँद-से मुखड़े की कीमत खुद ही आँक लेतीं। मैं समझता हूँ कि कम-अज़-कम दस हजार अशर्फियों से नीचे तो इसका सौदा हो ही नहीं सकता। मैंने समरू के आदमी टॉमस से आज इतनी ही अशर्फियाँ लेकर आने को कहा है। मेरा ख्याल है, दोपहर तक वह अशर्फियाँ और डोला लेकर आ जाएगा।"

"खुदगरज़! दगाबाज़!"

मुन्नी का सफेद गुलाब-सा हसीन मुखड़ा क्रोध की बेबसी से अपना रंग बदलकर एकाएक लाल हो उठा। बशीर खाँ को वह बेहद हसीन लगी, बढ़कर उसकी ठुड्डी पर मीठी-सी चुटकी मारकर बोला, "अरे छोड़ो भी, कुछ और बातें करो। यह हमारी खुशियों का आखिरी दिन है। कल से ताउम्र तुम्हें खयालों में..."

"रहने दो ये झूठी बातें। मैंने तुम्हें अपना बेशकीमत दिल दिया था। दिल ही नहीं, तुम्हारे फरेब में आकर परसों रात मैं तुम्हें अपनी वह सबसे बड़ी दौलत भी सौंप चुकी जो औरत किसी को ज़िन्दगी में सिर्फ एक बार ही दे सकती है। तुमने कितना झूठ बोला था उस रात! आज का दिन तुमने हमारे निकाह का दिन बतलाया था। और अब निकाह हो रहा है दस हज़ार अशर्फियों से!"

"फिर वही दस हज़ार? दस हज़ार अशर्फियों की बिसात ही क्या है, बहुत-सा हिस्सा तो यह टॉमस और समरू के खज़ांची-दीवान ही चट कर जाएँगे। जो थोड़ी-बहुत रकम बाकी बचेगी, वह यूँ समझो कि तुम्हें पढ़ाने-लिखाने और होशियार करने में अब्बा ने जो खर्च किया था उसकी भरपाई किसी हद तक हो जाएगी। तुम्हें बेचकर हमें कोई मुनाफा थोड़े ही हुआ है। मगर तुम अपना मुनाफा क्यों नहीं देखती हो। लाखों के जेवरात, बेशुमार पोशाकें, सैकड़ों गुलाम-बाँदियाँ, मेरठ के एक मामूली हैसियत वाले कश्मीरी सौदागर की बेटी को, जिसकी किस्मत में लिखा तो था किसी नाचनेवाली के घर में जाना, मगर जिसे एक लामिसाल शानदार आशिक ने किस्मत से लड़कर मलिका बना दिया। तुम पर यह मेरा एहसान क्या कुछ कम है!"

"बहुत-बहुत एहसानमन्द हूँ। मेरी झोली भर दी आपने—मगर दिल तोड़कर।"

बशीर खाँ हँसा। उसे अपनी बाँहों में खींचकर भरने की कोशिश करता हुआ बोला, "दिल टूट गया। यह तुम पर मेरा आखिरी एहसान हुआ। अब तुम बखूबी दिलों को रौंद सकोगी, तोड़ सकोगी, उन पर हुकूमत कर सकोगी।"

"हुकूमत?"

"हाँ, मेरे अब्बा तुम्हारे लिए यही चाहते थे। याद रखो दिलाराम, कि सियासत भी पेशेवर रक्कासा होती है। उसके पास दिल नहीं होता। और हुस्न की मलिका, ऐसी बेदिल सियासत को अपनी चेरी बनाए बगैर तख्तोताज की मलिका बन ही नहीं सकती।"

दिलाराम को बशीर खाँ की आवाज़ में इस बार नकल के बजाय असल का एहसास हुआ। बशीर खाँ उसके लिए पहेली बन गया। उसका दिल न तो बशीर खाँ के इस रूप पर विश्वास ही कर पाया और न अविश्वास ही। अक्ल गूँगी हो गई। और गूँगेपन को तोड़ने के लिए बड़ी विनय से उसने कहा, ''एक भीख माँगती हूँ, महबूबा को मेरे साथ भेज देना। नई पराई जगह में कोई तो मेरा अपना होगा। चाहोगे तो उसकी कीमत भी तुम्हें दिलवा दूँगी।''

''चलो, तुम्हारी मर्ज़ी से यह एक और एहसान भी तुम पर लाद दूँगा। और मेरे इस एहसान को उसकी कीमत भी मान लो। आओ, अब मेरे साथ चलो, आज मैं तुम्हें अपने हाथों सजाऊँ-सवारूँगा। आज आखिरी बार तुम्हें अपने आगोश में लेकर मैं भी अपने-आपको शाहंशाहे-आलम महसूस करना चाहता हूँ। इसके लिए मैं तुमसे भीख माँगता हूँ दिलाराम! मेरे तमाम एहसानों के बदले में तुम्हारा यह एक एहसान मुझे ज़िन्दगी-भर तुम्हारा गुलाम बनाए रख सकेगा।''

बशीर की बाँहों से निकलने का जतन करती हुई मुन्नी फिर उसकी एक बात से ठिठक गई, ''याद रखो मुन्नी, सियासत लेन-देन से ही काबू में आती है। उसे अपनी मर्ज़ी के मुताबिक चलानेवाले को बहुत-सी बातों में, अपनी बहुत-सी मर्ज़ियों को नज़रअंदाज़ भी करना होता है। अपना दिल तोड़ने के लिए तुम भले ही मुझसे नफरत करो, मगर दिल तोड़ने का मेरा एहसान मत भूलो। उसकी कीमत चुकाने में आनाकानी न करो, समझदार बनो।''

और मुन्नी बशीर की बाँहों में बँधकर समझदार हो गई।

दो

अजमेरी दरवाज़े के पास गाज़ीउद्दीन खाँ का मदरसा कुछ अरसे से उजाड़ पड़ा था। लाल पत्थर की वह शानदार इमारत दिल्ली की अस्थिर राजनीति के कारण उस कुलीन की सुहागिन के समान थी जिसे ब्याहने के बाद ही पति एक बार जुठारकर सदा के लिए छोड़ गया हो। इमारत के सामने एक सुन्दर फव्वारा बना था और दाहिनी ओर लाल और सफेद पत्थर की भव्य मस्जिद थी। जनरल वाल्टर रेनहार्ड उर्फ नवाब समरू के विश्वासपात्र नायब सिपहसालार जार्ज टॉमस ने अपने मालिक की भावी बेगम के स्वागतार्थ इसी मदरसे को किराये पर लेकर उसे चार दिनों की चाँदनी बख्श रखी थी।

आज दोपहर से ही यहाँ बड़ी चहल-पहल थी। नई बेगम की अगवानी के लिए बड़ा प्रबन्ध हो रहा था। टॉमस स्वयं हर वस्तु पर नज़र रख रहा था। नई बेगम उसके मालिक के नीरस जीवन को सरस बनाने के साथ-ही-साथ उसके भी नसीब का सितारा बन सकती है। समरू को प्रसन्न करने के लिए भाग्य ही से उसे

सुयोग मिला है। समरू ने लालकिले की राजनीति को अपने पक्ष में करने के लिए टॉमस को यहाँ भेजा था। वह चाहता था कि शाहआलम और अंग्रेज़ों के बीच किसी प्रकार का समझौता न होने पाए। टॉमस इस काम में सफल न हो सका। वह जानता था कि उसका स्वामी इस असफलता से अवश्य चिड़चिड़ा उठेगा। दो वर्ष पहले बंगाल के नवाब मीर कासिम की ओर से अंग्रेज़ों के विरुद्ध युद्ध में भाग लेते हुए पटना में धोखा देकर दावत में बुलाए गए 148 अंग्रेज़, यूरोपियन निहत्थे अफसरों और सिपाहियों को समरू ने बड़ी बेरहमी से मार डाला था। यह टॉमस तोपची अपने शुभ ग्रहों के प्रताप से समरू के दिल में दया जगाकर बच गया। यही नहीं, उसकी सेवा में नियुक्त होकर उसका विश्वासपात्र भी बन गया, मगर इस राक्षसी हत्याकांड ने अंग्रेज़ों को समरू का जानी दुश्मन बना दिया था। अंग्रेज़ों ने मीर कासिम को करारी मात दी, मगर असली अपराधी समरू अपनी टोली लेकर भाग निकला। अवध के नवाब शुजाउद्दौला को अंग्रेज़ों के खिलाफ पटाकर फ़ैज़ाबाद में मौज मारने लगा। पिछले बरस बक्सर की लड़ाई में हार जाने पर शुजाउद्दौला ने दुश्मन को दोस्त बनाने की नीति पर चलकर अंग्रेज़ों से सुलह करनी चाही। अंग्रेज़ों ने यह शर्त रखी कि पहले राक्षस समरू को बिना शर्त उनके हवाले किया जाए। शुजाउद्दौला अंग्रेज़ों से हारने के बावजूद अपनी नैतिकता न हारा था, लेकिन समरू किसी की उच्च नैतिकता की परीक्षा लेने के लिए रुकनेवाला व्यक्ति ही न था। चलते-चलाते वह शुजाउद्दौला की बेगमों और नवाब के शरणागत, बंगाल के पराजित मीर कासिम से भी काफी दौलत ठगकर ले गया। इस समय कुछ अरसे से आगरे में पड़ाव डाले पड़ा है। रुहेलों और जाटों से अलग-अलग अपने राजनीतिक कनकौवे लड़ा रहा है। हर समय आत्मरक्षा में चौकन्ना रहते-रहते वह चिड़चिड़ा हो उठा है। टॉमस को मालिक के इस भयानक चिड़चिड़ेपन से बचने के लिए संयोग से दिलाराम का आधार मिल गया। प्रसंगवश बशीरखाँ से चर्चा हुई, उसने दिलाराम के गुणगान किए। दूसरे दिन अपना बनाया हुआ एक चित्र भी टॉमस को दिखलाया। उसे देखते ही टॉमस को लगा कि यह सुन्दरी मानो उसके सौभाग्य की कुंजी है। तुरन्त ही वाल्टर रेनहार्ड को वह चित्र और चित्रवाली सुन्दरी की तारीफें लिखकर आगरे भेज दीं। वापसी डाक से मालिक का आदेश मिला, "किसी भी कीमत पर इस हसीना को जल्द-से-जल्द मेरे पास भेजो।"

दस हज़ार सोने की मोहरों से खरीदा गया वह हुस्न का सूरज दिन ढलते न ढलते डोले पर चढ़कर गाज़ीउद्दीन के मदरसे में पहुँच गया। शाही फाटक पर पूरे ठाठ से टॉमस ने मुन्नी उर्फ दिलाराम का स्वागत किया। नये हीरों-जड़े सोने के पिंजरे में घुसते हुए मुन्नी का कलेजा एक बार बड़ी ज़ोर से काँप उठा।

नई बेगम के स्वागत-सत्कार में जार्ज टॉमस ने कोई कसर न उठा रखी थी। बाँदियों की पूरी सेना उसकी सेवा में तैनात थी। हर एक ज़बान पर बस एक ही चर्चा थी, नई बेगम का हुस्न बेमिसाल है। जहाँगीर की नूरजहाँ और शाहजहाँ की

मुमताजमहल की सुन्दरता के बारे में तो बस सुना-भर ही है, लेकिन समरू की इस नई बेगम को देखकर लगता है कि सिरजनहार इस हुस्न को रचकर फिर खुद ही ऐसा रीझ गया होगा कि उसे दीन-दुनिया की सुध ही बिसर गई होगी।

तारीफें सुन-सुनकर जार्ज टॉमस का जी लहरा उठा। उसने तस्वीर देखी थी। लेकिन तस्वीर आखिर तस्वीर ही है। उसे रह-रहकर हिन्दुस्तान के उस रिवाज पर झुँझलाहट आ रही थी जो औरतों को पर्दे में रखता है। नवाब समरू गो यूरोपियन है, फिर भी मुगलिया अदबो-आदाब का इतना बड़ा नक्काल है कि जार्ज टॉमस अगर नई बेगम को देख ले तो वह बुरा मान जाएगा।

टॉमस का जवान दिल हिलोरें ले रहा था।

काफी समय तक लौंडी-बाँदियों की भीड़ से घिरी रहकर दिलाराम ऊब उठी थी। उसे एकान्त की अभिलाषा थी। उसकी मसनद के पास ही जड़ाऊ चौकी पर वाल्टर रेनहार्ड का चित्र सजा हुआ था। उसे वह एक बार भर-नज़र देखना चाहती थी, किन्तु भीड़ के कारण ऐसा करने में उसे स्वाभाविक रूप से संकोच हो रहा था। उसने महबूबा से एकान्त की कामना की। एकान्त होने पर समरू के चित्र, खास तौर से उसकी नीली आँखों को गौर से देखते हुए दिलाराम ने कहा, ''नीली झील में माँद बनाकर रहनेवाले इस विलायती भेड़िये को आखिर किस तरह से मैं अपने वश में करूँगी महबूबा? यह तो बशीर खाँ और उसके अब्बा मरहूम से भी कहीं ज्यादा बेदिल और खूंख्वार नज़र आ रहा है।''

''हुस्न और अक्ल के जादू से हर दरिन्दा बस में आ जाता है मुन्नी, फिर तुम्हें इसका खौफ क्यों हो?''

''खौफ? नहीं महबूबा, यह मेरा होश है जो नये माहौल में पूरे फैलाव के साथ अपने-आपको महसूस करना चाहता है।''

''कुछ भी कह लो, मगर यह नयेपन का डर है जो तुम्हारे नाजुक दिल में थरथराहट भर रहा है।''

''दिलाराम डरना नहीं जानती। वह सिर्फ अपने औरत होने की वजह से कहीं बेबसी ज़रूर महसूस करती है। और उसकी इस बेबसी को भाँपकर कोई उसे ज़ोरो-जुल्म से दबाने के लिए ललचा न उठे, इस सबब से वह हर वक्त खबरदार ज़रूर रहना चाहती है। यह पता लगाओ महबूबा, कि मेरा होनेवाला यह शौहर महज़ लिबास ही से हिन्दोस्तानी हुआ है या मज़हबी-मिज़ाज से भी?''

''मैं पता लगा चुकी हूँ, वह कट्टर मसीही है।''

''तमीज़ से बात करो, नवाब साहब अब तुम्हारे मालिक हैं।''

''आगे इस बात का खयाल रखूँगी मुन्नी।''

''मुन्नी आज से छः साल पहले मर चुकी, और दिलाराम भी बशीर खाँ के घर ही में अपनी दास्तान दफ़न करके यहाँ आई है। आइन्दा यह दोनों नाम मुझे फिर सुनने को न मिलें।''

"हुक्म बेगम साहबा।" सर झुकाकर यह कहने के बाद महबूबा ने एक बार सहेली-मालकिन को देखा। वह सचमुच नई लग रही थी।

दिलाराम ने पूछा, "तुमने किससे यह जानकारी हासिल की?"

"टॉमस साहब की खिदमतगार मेरी से।"

"उनकी कोई शादीशुदा विलायती बेगम भी है?"

"जी नहीं, बेगम साहबा! बड़ी बेगम साहबा मुसलमान हैं। नवाब साहब की उनसे बनती नहीं, लेकिन अपने वलीअहद की माँ होने के सबब से वह उनका लिहाज़ ज़रूर करते हैं।"

"साहबज़ादे की उम्र क्या होगी?"

"हजूर से साल-छः महीने छोटे-बड़े या बराबर के भी हो सकते हैं।"

"मेरी को एक बार मेरे पास ले आ महबूबा! मेरी नई शतरंज का पहला प्यादा वही बनेगी।"

महबूबा के बाहर जाते ही उसने एक दूसरी बाँदी को बुलाकर बशीर खाँ के घर से आया हुआ अपना संदूक मँगवाया। उस संदूक में उसके दो-चार पुराने कपड़े, जिन्हें पहनकर वह मेरठ से आई थी, और बशीर खाँ के हाथ की बनी चार तस्वीरें थीं, जो उसने बशीर खाँ की जानकारी में ही रखी थीं। लेकिन उसके अलावा बशीर खाँ की स्वर्गीय माता के गहनों का डिब्बा भी वह बड़ी चतुराई से उड़ाकर रख लाई थी। माल अधिक का नहीं था, मुश्किल से चालीस-पचास हज़ार का होगा, लेकिन बशीर खाँ के लिए यही रकम बहुत बड़ी थी। उसके बाप ने न जाने कहाँ से लूटकर, न जाने कितनी हत्याओं के बाद यह मोती-माणिक और आभूषण अपनी घरवाली के लिए कमाए होंगे। बशीर खाँ की माँ इन्हें अपनी जान से अधिक छुपाकर रखती थी। उसने दो-चार आभूषणों को छोड़कर कभी इनका इस्तेमाल भी नहीं किया था। बशीर की होनेवाली दुलहिन के लिए उसने वह जमा-जथा सहेजकर रखा था। दिलाराम के प्रति बशीर खाँ के आकर्षण को देखकर तथा उसके प्रति दिलाराम की भावनिष्ठा को पहचानकर वह यही समझती कि एक-न-एक दिन दिलाराम ही उसकी पुत्रवधू बनेगी। मरने से पहले अपने गहने के बक्से का पता बतलाते हुए उसने कहा था, "बदकिस्मती से अगर बशीर के अब्बा तुझे कहीं बेच ही दें तो घर से जाते वक्त इसे बशीर को सौंप देना। ये उसकी दुलहिन के लिए हैं। खुदा करे कि जो चीज़ तुझे सौंप रही हूँ वह सदा तेरे ही पास रहें।" धोखा देने के दण्डस्वरूप उसने बशीर को यों ठगा था।

सन्दूक को खोलकर उसमें से गहनों की पेटी निकाली और कमरे में एकान्त होने की आज्ञा दी। उन गहनों में एक जड़ाऊ क्रॉस लगी ज़ंजीर भी थी जो न जाने किस परदेसिन का खून करवा के शकूर खाँ की बीवी के पास आई होगी। मगर आज वह क्रॉस दिलाराम की नई ज़िन्दगी का फाटक खोलने के वास्ते चाभी के रूप में काम आएगा। पेटी बन्द की, क्रॉस वाली ज़ंजीर अपने गले में डाली और फिर खामोश नज़रों से अपने होनेवाले शौहर की तस्वीर देखने लगी।

थोड़ी देर के बाद महबूबा मेरी के साथ हाज़िर हुई।

"तुम्हारा नाम क्या है।"

"मेरी, हुज़ूर !"

"क्या टॉमस ने तुमसे मज़हब बदलने के लिए कहा था?"

"जी नहीं, हुज़ूर ! बात यह है कि उनके पुराने खिदमदगार जोज़फ से मैंने कलीसा में जाकर निकाह पढ़वा लिया है। ईसाई मज़हब भी कबूल कर लिया है।"

"तुम्हारा शौहर विलायती है?"

"जी नहीं, हुजूर! यहीं का है लेकिन टॉमस साहब की मर्ज़ी देखकर वह ईसाई हो गया।"

"तुम्हें या तुम्हारे शौहर को अपना मज़हब बदलने का अफसोस है?"

"जी नहीं, हुज़ूर ! खुदाबन्दे करीम के बेटे का साया-ए-रहमत पाकर किसी अफसोस के लिए गुंजाइश ही नहीं रह जाती।"

"तुम्हारे जवाब से हम खुश हुए, लो!" कहकर वह अपने गले से क्रॉस वाली ज़ंजीर उतारने लगी।

महबूबा ताज्जुब कर रही थी कि दिलाराम के गले में यह ज़ंज़ीर कहाँ से आ गई। और मेरी क्रॉस पाकर खुशी से मगन हो गई। उसे आदरपूर्वक आँखों और कलेजे से लगाकर उसने कहा, "हुज़ूर का इकबाल बढ़े। खुदा ने आपके रूप में हुज़ूर नवाब साहब को मुँहमाँगी मुराद बख़्शी है।"

"टॉमस साहब से जाकर कहो मेरी, कि मिल्लते-मसीही में शामिल होने की ख़्वाहिश हमारी भी है। हम यह भी चाहती हैं कि हमारे शौहर के वतन की खवातीन के अदब-कायदे भी हमें बतलाए जाएँ।"

मेरी से यह बातें सुनकर टॉमस की खुशी और अचरज का ठिकाना न रहा। उसे लगा कि समरू के हरम में आनेवाली यह स्त्री आम हिन्दुस्तानी औरतों की तरह गाय नहीं है। शेर की माँद से शेरनी ही आ रही है। वह नई बेगम से बातें करने के लिए बेकल हो उठा। उसने मेरी से कहा, "हुज़ूर बेगम साहबा की खिदमत में जाकर यह अर्ज़ करो कि मैं उनकी खिदमत में अपने आदाब पेश करने की इजाज़त चाहता हूँ।"

थोड़ी देर बाद ही दिलाराम के कमरे में परदे के उचित प्रबन्ध के साथ टॉमस का आगमन हुआ।

"यह गुलाम हुज़ूर की खिदमत में अपने आदाब पेश करने के लिए हाज़िर हुआ है, बेगम साहबा!"

"हम आगरे के लिए कब रवाना होंगे, टॉमस?"

"हिज़ एक्सेलेन्सी का हुक्म आया है कि हम जल्द-से-जल्द आगरा पहुँचें। लेकिन वज़ीर नज़फ खाँ से मिलने के लिए मुझे परसों तक रुकना पड़ेगा।"

"शायद बशीर खाँ ने तुम्हें बतलाया होगा टॉमस, कि वह नज़फ खाँ पर अपना

खास असर रखता है। उसकी इस बात पर यकीन लाने की ज़रूरत नहीं है।''

''मैं हुज़ूर का शुक्रगुज़ार हूँ। आपने ठीक मौके पर मुझे आगाह कर दिया।''

''बशीर खाँ कतई काबिले-एतबार नहीं है। यह मुमकिन है कि उसने दरबार की कुछ खबरें भी तुम्हारे हाथ बेचने की कोशिश की हो। वह आम तौर से गलत खबरें दिया करता है। झूठ बोलना उसकी आदत है।''

''गुस्ताखी मुआफ, मगर हुज़ूर के मुतल्लिक उसने जो भी कुछ कहा था, वह तो इस गुलाम को गलत नहीं लगता बेगम साहबा!''

''तुम्हारी इस बात का जवाब देने की ज़रूरत हम नहीं समझतीं टॉमस! बस यह समझ लो कि हकीर-से-हकीर आदमी भी कभी सच बोलने के लिए मजबूर हो जाता है। बहरहाल, मेरी ने शायद तुम्हें बतलाया होगा कि हम अपने होनेवाले शौहर के मज़हब को कबूल करना चाहते हैं।''

''मिल्लते-मसीही को एक अनमोल मोती मिलेगा बेगम साहबा! आगरा पहुँचते ही हुज़ूर की यह ख्वाहिश पूरी हो जाएगी। ओह, रेवरेंड फादर ग्रेगोरियो कितने खुश होंगे यह खबर सुनकर!''

'' हम यह भी चाहते हैं टॉमस, कि जब हम अपने आक़ा के रूबरू पेश हों तो हमारी पोशाक उनके वतन के मुताबिक होनी चाहिए।''

''जो हुक्म बेगम साहबा!''

''हम यह भी चाहते हैं टॉमस, कि हम अपने मालिक को ज़्यादा-से-ज़्यादा खुशोखुर्रम देखें। और इसके लिए हम चाहते हैं कि तुम एक दोस्त की हैसियत से हमें उनकी मर्ज़ी और मिज़ाज के बारे में ज़्यादा-से-ज़्यादा जानकारी दो। इस मामले में तुम्हारा ही भरोसा करना मुनासिब मालूम होता है। क्या तुम्हारे लिए यह मुमकिन होगा टॉमस?''

''हुज़ूर इस गुलाम की जाँनिसारी पर पूरा भरोसा रख सकती हैं।''

''गुलाम नहीं, दोस्त।''

''यह आपकी ज़र्रानवाज़ी है बेगम साहबा...''

''हमने सुना है कि आप लोगों के वतन में औरतें मर्दों से पर्दा नहीं करतीं।''

'' आपने सही सुना है बेगम साहबा!''

'' तब हम यह हरगिज़ पसन्द न करेंगे कि हमारे बीच किसी तरह का पर्दा कायम हो। हम दोनों अपने मालिक की बहबूदी चाहते हैं फिर हमारे बीच में यह पर्दा क्यों रहे!''

पर्दा हट गया। टॉमस ने एक बार नज़र उठाकर दिलाराम को झलक-भर देखा और बाअदब कोर्निश की। दिलाराम को भी यह लगा कि उसके रूबरू खड़ा हुआ यह जवान ईमानदार है, इस पर भरोसा किया जा सकता है।

नौकरों-चाकरों को भी यह मालूम हो गया कि उसके मालिक के हरम में यह औरत खिलौना बनकर नहीं आई, बल्कि शासन करने आई है।

तीन

तीन बरस बाद।

जनरल वाल्टर रेनहार्ड डीग के किले में, अपने कक्ष के सामनेवाले आँगन में बाँदियों को शतरंज की मोहरें बनाकर दोहरी चालों से अपना मन बहला रहे थे। उनकी एक मुँहलगी लौंडी मुश्तरी उनके कदमों के पास बैटी हुई उनकी पिंडलियाँ सहला रही थी। तभी सूचना मिली कि छोटी बेगम साहबा तशरीफ ला रही हैं। जनरल समरू साहब ने यह सुनते ही पैर झटककर मुश्तरी का हाथ गिरा दिया। मालिक का रुख पहचाननेवाली लौंडी बाअदब उठकर उनकी कुर्सी के पीछे इस तरह से खड़ी हुई कि मानो वह शुरू ही से वहीं खड़ी थी।

दाहिनी ओर के बरामदे से भूतपूर्व मुन्नी, भूतपूर्व दिलाराम और वर्तमान मैडम जुआना रेनहार्ड अपनी दो बाँदियों के साथ तेज़ कदम चलकर आती हुई दिखलाई दी। मुश्तरी फौरन ही अन्दर से कुर्सी लाने के वास्ते लपकी। जनरल की सख्त आँखों में जुआना को देखते ही तरावट आ गई। सौन्दर्य की कोमलता और कठोरता, नारी का समर्पण और नर का आरोपण यदि जनरल को एकसाथ कहीं दिखलाई देता है तो जुआना ही में। वह सामने चली आ रही है। जनरल को लगता है, जैसे आँगन में चमकने वाले सूरज की रोशनी इस हुस्न के आफताब के आगे मन्द हो गई हो। पिछले चार वर्षों में जुआना ने जनरल के अन्दर वाले खूँख्वार भेड़िये को कम-अज़-कम अपने वास्ते पालतू कुत्ता बना लिया।

बाअदब कोर्निश करके जुआना कुर्सी पर बैठ गई। जनरल का बायाँ हाथ बड़ी कोमलता के साथ जुआना की दाईं बाँह पर पड़ा। प्यार से बोले, ''किस खयाल की मजबूरी इस वक्त मेरी नन्हीं जुआना को यहाँ खींच लाई?''

''वाल्टर, क्या तुम अपना यह वक्त मुझे, सिर्फ मुझे दे सकते हो?''

''मैंने अपना जानो-माल जब तुम्हारे हवाले कर दिया तब वक्त की क्या बिसात है!''

''क्या यह अच्छा न होगा कि अन्दर चलें। यह आफताब अपनी अनगिनती शुआओं से यहाँ हमारी बातों का भेद ले सकता है।''

जनरल मुस्कराए, कहा, ''आसमान के इस अकेले तपनेवाले को भी एक जुआना दिलवा दो तो फिर उसे हमारा भेद लेने की फुरसत ही न मिलेगी।''

''मुझे सिर्फ उसी आफताब की फिक्र है जो मेरे दिल की दुनिया में रोशन है। आओ चलें।''

कमरे के दरवाज़े का मोटा पर्दा गिरवा दिया गया। मुश्तरी के लिए बेगम साहबा का यह हुक्म हुआ कि दरवाज़े पर निगरानी रखे। जुआना के इन आदेशों से जनरल चौकन्ने हो गए। आवाज़ में सख्ती भी आ गई, बोले ''समझ गया, तुम इस वक्त मुझे टॉमस का मन्तर पढ़ाने आई हो।''

"नहीं, मैं अपने उस्ताद से पढ़ा हुआ मन्तर ही खुद अपने उस्ताद को याद दिलाने आई हूँ। मेरी इस बेअदबी को तुम्हें माफ करना होगा।"

"नादान हो जुआना, सियासत की शतरंज अभी तुम्हारी समझ में न आ सकेगी। मैं टॉमस से सख्त नाराज हूँ कि उसने अपने सुझाव के लिए मुझसे इनकार पाकर अब तुम्हें उकसाया है।"

अल्हड़ लड़की की तरह मानो बेसब्री से आगे बढ़कर जुआना अपने पति के सीने से लगकर खड़ी हो गई। उसके दोनों हाथों को अपनी बाँहों की गिरफ्त में लेकर जुआना ने कहा, " तुम यह क्यों समझते हो वाल्टर, कि टॉमस मुझे यहाँ भेज सकता है, यह क्यों न समझा कि मैंने उसे तुम्हारी खिदमत में वह सुझाव पेश करने भेजा होगा।"

"टॉमस को तुमने हमारे पास भेजा था?"

"हाँ। इधर लगातार तीन-चार दिनों से मैं बराबर इस मामले पर गौर करती रही। सीधे तुमसे कहने की हिम्मत न होती थी। आज सुबह मैंने टॉमस को अपना सुझाव पेश किया। पहले सीधे तुमसे कहने की हिम्मत न होती थी। जब टॉमस कायल हो गया, तब मैंने ही उसे तुम्हारी खिदमत में भेजा। लेकिन जब उसने आकर मुझे बतलाया कि तुम सुनकर झुँझला उठे थे तो एक बार फिर मैंने गहराई से ध्यान दिया..."

"तुम चाहती हो कि शाहआलम का साथ देकर मैं खुद अपने-आपको अंग्रेज़ों के हाथ में अपनी बोटियाँ नुचवाने के लिए सौंप दूँ?" समरू के स्वर में सख्ती और चिड़चिड़ाहट भर उठी थी।

जुआना ने पहले-जैसे ठंडेपन के साथ ही हँसकर जवाब दिया, "मेरे उस्ताद, मेरे आक़ा और मेरे जिस्मो-दिलो-दिमाग के शाहंशाह, जो इतने बहादुर हैं कि उन्हें कभी खौफे-खुदा तक न सता सका—मगर अपने ही मन् की न जाने किस परछाईं से डरकर खुद अपनी ही नसीहतों को भूल रहे हैं। देहली का बादशाह सिर्फ इस वास्ते अंग्रेज़ों से सुलह किए हुए है कि उनको ज़्यादा ताकतवर और चालाक समझता है। लेकिन इसी वजह से वह उनसे नफरत भी करता है। वज़ीर नज़फ खाँ कौम इंगलिशिया का दोस्त हरगिज़-हरगिज़ नहीं है। मैं जब बशीर खाँ के वहाँ रहती थी तब से इस बात को जानती हूँ।"

"मगर हमारे गोयन्दों को बशीर खाँ से ही यह खबर मिली है कि शाहआलम ने नजफ खाँ की सलाह से ही अंग्रेज़ों से सुलह की थी और उस पर अंग्रेज़ों का अब भी बड़ा असर है।"

"तुमसे यह मेरी दस्तबस्ता गुज़ारिश है जानेमन, कि अपने लिए बशीर खाँ को काबिले ऐतबार समझने की भूल हरगिज़ मत करो, वह मुझसे शादी करना चाहता था, मगर दौलत के लालच में आकर उसने तुम्हारे हाथों बेच दिया। मेरा दिल तो पानी था वाल्टर, उसमें जो भी रंग पड़ता, पानी वैसा ही हो जाता। मगर वह जो कि अपने-आपको एकसाथ और एक वक्त में दो जुदा-जुदा लालचों से बाँधकर चलता

है—धोखेबाज़ तो होता ही है, साथ-ही-साथ बड़ा जाहिल भी होता है। बशीर खाँ धोखेबाज़ भी है और जाहिल भी। जानते हो, टॉमस से तुम्हारी भेजी अशर्फियाँ पा लेने के बाद तुम्हारे यहाँ भेजने से पहले उसने मेरी अस्मत का फूल नोचना चाहा था।''

गहरी आँखों से समरू ने जुआना को देखा, देखते रहे, फिर कहा—''तुमने आज तक मुझसे यह कहा क्यों नहीं था?''

''बगैर ज़रूरत की बातें करना हमारी आदत नहीं, तुम जानते हो। मैं टॉमस की मार्फत जुल्फिकारुद्दौला के आदमियों से इस भेद की थाह पा चुकी हूँ। महज़ अंग्रेज़ों के डर से मुगल शाहंशाह के दुश्मनों को भड़काना मुनासिब बात नहीं है वाल्टर! मैं समझती हूँ कि दिल्ली के तख्त को मज़बूत करना ही हमारे लिए ज़्यादा फायदेमन्द होगा। खुदा करे कि मैं अपने शौहर को एक दिन दिल्ली के तख्तोताज का मालिक बना हुआ देखूँ। और यह तभी मुमकिन हो सकता है जबकि मेरे मालिक फिलहाल शाहे ज़माना का साथ दें और उसे इन मक्कार अंग्रेज़ों के चंगुल से बाहर निकालें।''

जनरल समरू चुपचाप सुनते रहे। बात खत्म होने के बाद भी थोड़ी देर आलम खामोशी में डूबे रहे, फिर गहरी आवाज़ में कहा, ''सियासती शतरंज में मुझे नई चाल सिखाने वाली पहली शख्सियत तुम्हारी ही है जुआना! मैंने अब तक अपने लिए बहुत कुछ चाहा और सोचा था, मगर देहली के तख्त का खयाल कभी मेरे मन में न आया था। हैरत है कि अंग्रेज़ यही चाहते हुए सियासत में हर कदम आगे बढ़ रहे हैं और हमने कभी गौर तक नहीं किया।''

''जो हमने सोचा, वह भी तो आखिर तुम्हारा ही ख्याल है न। वादा करो जानेमन कि तुम मुझे मलिका-ए-हिन्द बनाओगे—वादा करो।''

जुआना के एक और नये जादू में बँधे हुए समरू ने उसे अपनी बाँहों में कस लिया और गहरे भाव से उसके होठों का चुम्बन लेकर उसकी आँखों-में-आँखें डालकर कहा, ''तुम्हारी हर ख्वाहिश पूरी करूँगा प्यारी जुआना!''

चार

रात के डेढ़ पहर बीत चुके। किले में सन्नाटा छाया हुआ है। केवल बुर्ज़ियों के चौकीदार बीच-बीच में हाँक-गुहार मचाकर अपने चौमुखी जागरण का परिचय दे देते हैं। बेगम जुआना समरू के शयनकक्ष में मद्धिम उजाला हो रहा है। महबूबा कमरे के बाईं ओर सहन में खामोश खड़ी किसी का इन्तज़ार कर रही है। सामने बन्द दरवाज़ें की झिर्रियों में रोशनी कौंधी । महबूबा के जिस्म में मानो जान आ गई, दवे पाँवों दरवाज़े की ओर लपकी। दरवाज़े की झिर्रियों में मोमबत्ती की चमक फिर हिलती-डुलती-सी नज़र आई। महबूबा ने दरवाज़े से मुँह सटाकर धीमे-से पूछा, ''कौन?''

दरवाज़े के पीछे से वैसी ही धीमी आवाज़ आई, "सब ठीक है न महबूबा?"

"हाँ। वे आ गए?"

"हाँ। बत्ती बुझाती हूँ।"

अँधेरा फिर घटाटोप छा गया। महबूबा दरवाज़े से ज़रा हटकर खड़ी हो गई। किवाड़ का एक पल्ला धीमे से खुला और काले लबादे में लिपटा हुआ एक इन्सान गुलाब की महक के साथ-साथ सहन में आया। अपने कन्धे पर उसके हाथ का मुलायम दवाब पड़ते ही महबूबा का जी भरोसे-भरी खुशी से भर गया, धीमे-से बोली, "बड़ी बेसब्री से आपका इन्तज़ार कर रही हैं।" आने वाले ने कुछ न कहा। सहन पार करके समरू बेगम जुआना के कमरे में दाखिल हो गया। महबूबा नीचे जानेवाले दरवाज़े की ओर गई और दरवाज़े के पल्ले पर धक्का देती हुई बोली, "मेरी!"

"साहब पहुँच गए महबूबा?"

"हाँ। अब तू जा सकती है। बेचारा जोज़फ तेरे बगैर बेकल हो रहा होगा।"

"वे यहाँ हैं कहाँ?"

"कहाँ गया?"

"दिल्ली वालों के पड़ाव की तरफ।"

"जान पड़ता है दो-एक रोज़ के भीतर कुछ होनेवाला है। बेगम साहबा किसी गहरी फिक्र में हैं।"

"उनकी फिक्र मेरे साहब इस समय दूर कर रहे होंगे।"

"चल, नटखट कहीं की। भला अपने मालिक के लिए ऐसी बातें कही जाती हैं।"

"ऐ मेरी, तेरे साहब के यहाँ से कल जो विलायती शराब बेगम साहबा के लिए आई थी वह मुझे भी दिला सकती है थोड़ी-सी? तेरी कसम, उसके बिना आज रात मुझे नींद न आएगी।"

"जवानी से बढ़कर उम्दा शराब नहीं होती। और तू उसी को बिसारे हुए है। कारलुस न जाने कितनी बार मुझसे खुशामद कर चुका है तेरे लिए। मान क्यों नहीं जाती?"

एक ठंडी साँस भरकर महबूबा बोली, "मैं किसी ईसाई से शादी न करूँगी।"

मेरी बुरा मान गई, कहा "खुदा जैसा ईसाइयों का वैसा मुसलमानों का। इन्सान के प्यार में खुदा का जलवा ही होता है बावली! जोज़फ से शादी करने से पहले मुझे भी यही झिझक थी।"

"उससे भी बड़ी अड़चन यह है कि कारलुस बड़ी बेगम साहबा के यहाँ काम करता है। और यह भी सुनने में आता है कि वह उनका..."

"रईसों के यहाँ काम करनेवाले इन बातों की फिक्र नहीं किया करते महबूबा। मान ले कल को जनरल साहब तुझे..."

"मैं उस बूढ़े भेड़िये की आँखों में मिरचे झोंककर भाग जाऊँगी और कुएँ में फाँद पड़ूँगी। कारलुस से मुझे यही शिकायत है। उस बूढ़ी बंदरिया का साथ निभाने के बाद वह आखिर किस मुँह से मेरी खुशामद करता है!"

"महबूबा, तू बड़ी जाहिल है। यह क्यों नहीं समझती कि उस बूढ़े ढाँचे की जकड़न ही से मजबूर होकर कारलुस तेरी खुशामद करता है। अपनी मालकिन को ही देख, मेरे मालिक को आखिर वह क्यों घेरती है?"

"तुम पूछते हो टॉमस, कि मैं तुम्हें दिन-रात इस तरह क्यों घेरती रहती हूँ!"

कुर्सी पर उदास और गम्भीर बैठे हुए टॉमस ने रूखे स्वर में कहा, "सियासत के खिलाड़ी ज़रूरत पड़ने पर एक-दूसरे को क्यों और किस तरह घेरते हैं, यह मैं खूब जानता हूँ जुआना, मेरा पूछना, अपने और तुम्हारे बारे में सियासत के अलावा भी और बहुत कुछ सोचना-समझना दरअसल गलत है।"

"नहीं, नहीं, नहीं प्यारे टॉमस!" उसकी कुर्सी के पीछे जाकर खड़ी होती हुई जुआना ने उसके दोनों गालों को अपने हाथों से बाँधकर, अपने गाल को उसके सिर से टिकाकर आग्रह, विनय और प्यार-भरे स्वर में कहा, "इस तरह की बातें कहकर तुम मेरे ईमान और एहसास का खून-ए-नाहक न करो। औरत की मजबूरी उन आँखों की तरह से होती है जो दिन उठ आने की वजह से दुखा करती है और जिन्हें रात में रतौंधी सताती है। मैं या तो प्यासी ही मर जाऊँगी वरना अपने सामने रखे हुए आबे-कौसर के जाम को तभी अपने होठों से लगाऊँगी जबकि मेरा नसीबा मुझ पर खुश होकर उसे उठाने की इजाज़त देगा। मैं एक गरीब की सताई हुई बेटी हूँ। मुझे अपने मनचाहे मर्द को खिलौना बनाना न तो आता है और न सुहाता ही है।"

टॉमस की बेरुखी अपना कसाव हल्का करने के बावजूद अभी ढीली नहीं पड़ी थी। जुआना के दोनों हाथों को हटाते हुए कुर्सी से उठकर बोला, "मेरे लिए यही बेहतर होगा कि समरू की नौकरी छोड़कर चला जाऊँ।"

"बेहतर है, तुम्हारी यहाँ से, और मेरी दुनिया से विदाई एक साथ होगी। फिर यह सियासत का खेल किसके लिए खेलूँगी, किसके साथ खेलूँगी! तुम जा सकते हो टॉमस, अब मुझे तुमसे कुछ भी नहीं कहना है।" जुआना अपने सोनेवाले कमरे में जाने के लिए मुड़ी। टॉमस तेज़ी से उसकी ओर बढ़ा और उसके सामने खड़े होकर राह रोकते हुए बोला, "मुझे माफ कर दो जुआना। मेरी बेकरारी ने तुम्हें नाहक सदमा पहुँचाया। खुदा गवाह है, तुम्हारी आँखों में एक साल पहले अपने लिए चाहत की बिजलियाँ जब पहली बार कौंधते देखी थीं, तब से आज तक घड़ी-भर के शौक के वास्ते भी किसी और की तरफ मेरा खयाल एक डग भी कभी आगे नहीं बढ़ा। इस जिस्म की हर साँस अब उस महबूबा के लिए ही आती, जाती और सिर्फ होती है जो जागने पर सुबह की पहली अँगड़ाई की तरह मेरी ज़िन्दगी में आई थी। उम्मीद के पाँवों की आहट बनकर तुम हरदम मेरे दिल के कोने-कोने में घूमती ही रहती हो। शिकायत यही है कि तुम सिर्फ आवाज़ हो जो सुनी तो जा सकती है, मगर देखी नहीं जा सकती है, और मैं अब बेसब्र हो उठा हूँ। मेरी जवानी अब उस सुकून को पाना चाहती है जो..."

"जो मर्दानगी दिखाने पर ही हासिल है। उसी सच्चे सुकून को पाने के लिए ही मैं इस बेसुकूनी और बेअख्तियारी से जमकर जूझ रही हूँ। तुम समझते हो कि जो तुम्हारे दिल का हाल है वह सिर्फ तुम्हारा ही है? वह सुकून, जिसे हम और तुम मिलकर पाना चाहते हैं टॉमस, तब तक नहीं मिल सकता है जब तक कि यह समरू ज़िन्दा है और उसका जीना तब तक हमारे लिए अज़हद ज़रूरी है जब तक उसके सियासत की बागडोर हमारे हाथ में नहीं आ जाती और उसे हमारे हाथ में आ जाने के लिए अब यह ज़रूरी है कि हम तख्ते-हिन्दोस्तान की हिफाज़त में लगें। मुगलों के लिए वह अब महज़ हारे जुआरी का आखिरी दाँव है। हार-जीत का फैसला अब जब भी होगा, तब हमारे और अंग्रेज़ों के बीच ही होगा। लालकिले की शाहंशाहत न मराठे ही ले सकते हैं और न रुहेले, जाट, राजपूत या अवध के नवाब वज़ीर ही। मैं तुम्हें हिन्दुस्तान का शाहंशाह बनाकर एक दिन अपने इश्क का सबूत दूँगी। तुम भी वादा करो जानेमन, मुझे मलिका-ए-हिन्द बना दोगे। वादा करो।"

भावविभोर होकर एक जान बैठते हुए जुआना के दोनों हाथ अपने हाथों में लेकर टॉमस ने कहा, "मैं वादा करता हूँ जुआना, कि तुम जो चाहोगी वह दूँगा। तुम्हारी चाहत के लिए मैं हर वक्त हर कुर्बानी देने के लिए, जब तक जीऊँगा मुस्तैद रहूँगा।"

जुआना के लिए अँधेरे के कण-कण में उजाला भर गया था। अपने प्रति पुरुष का ऐसा समर्पण पाकर उसका नारी-हृदय पिघल-पिघल उठने को हुआ, मगर ऐन मौके पर स्वानुशासन से कस उठा। मुन्नी—दिलाराम—जुआना अब दूसरों की बेकसी से अपना शृंगार करेगी, उसके लिए अपनी बेकसी की झलक-पलक भी सब किसी को दिखलाना मुहाल है। औरत जब दूसरे की बन जाती है, तो अपनी नहीं रह जाती। इसलिए जुआना के अन्दर वाली औरत अब दूसरों को अपना बनाएगी और अपनी ही बनी रहेगी, सिर्फ अपनी, सिर्फ अपनी।

पाँच

बरस दिन और बीते। टॉमस और जुआना कभी-कभी यों ही अपने दिल हल्के करने के लिए मिलते तो रहे, पर उनके मिलन की प्यास दिल्ली के तख्त और समरू के मरने की आस में अब तक मृगतृष्णा ही बनी हुई थी। हाँ, इतने दिनों में जुआना बेगम ने जागीर और सेना का प्रबन्ध इस तरह से सँभाल लिया था कि समरू साहब को उस ओर ध्यान तक देने की ज़रूरत न रही। वह धीरे-धीरे जुआना के आश्रित हो गए। राजनीतिक सूझ-बूझ के कारण एक जगह मन में ईर्ष्या करते हुए भी वे जुआना को चाहने लगे थे।

तभी एक दिन।

जनरल वाल्टर रेनहार्ड साहब क्रोध में बार-बार दाँत पीसते हुए कमरे में बेचैनी से चहलकदमी कर रहे थे। बीच-बीच में आँखें यों चमक उठती थीं जैसे बरसाती आकाश में बिजली चमकती है। मेहराब के खम्भे के पीछे परदे की आड़ में खड़ी हुई मुश्तरी खामोशी से झाँककर अपने स्वामी को सीधी दृष्टि से ताक रही थी। जनरल की बावली चहलकदमी काफी देर तक होती रही, मानो पिंजरे में अचानक बन्द हो जानेवाले शेर को अपनी नई स्थिति भयंकर रूप से तड़पा रही हो। मुश्तरी जानती है कि इस समय मालिक के पास कोई नहीं जा सकता। थोड़ी देर पहले गोयन्दा मुराद अली आया था। उसने जनरल साहब को कोई ऐसी खबर दी जिससे वे तड़प उठे थे। फौरन ही छोटी बेगम साहबा को बुला लाने का हुक्म दिया। खुद मुश्तरी ही इस काम के लिए गई थी। लेकिन जुआना बेगम साहबा उस वक्त गुस्ल फरमा रही थीं। उन्हें जनरल साहब का संदेशा पहुँचा दिया गया है। जवाब सुनकर साहब ने दाँत पीस लिये थे। और छोटी बेगम साहबा के लिए 'ज़हरीली नागिन' 'खूबसूरत बला' और इसी तरह का कोई घृणा भरा शब्द अपनी विलायती ज़बान में भी कहा था। जिसे मुश्तरी समझ न पाई। मालिक का यह खूँखार रूप देखकर ही मुश्तरी पर्दे के पीछे आ गई थी; बाकी खिदमतगार तो मुराद अली के आने के समय से ही कमरे के बाहर खड़े थे। काफी देर तक अपने को थका चुकने के बाद जनरल समरू ने अपने-आपको मसनद पर डाल दिया। एक बेबस कराह उनके मुँह से निकल गई।

कराह सुनते ही मुश्तरी बेसाख्ता बाहर निकल आई, जैसे माँ अपने बच्चे का दुःख देखकर आपे से बाहर हो गई हो। आँखें मींचे, टाँगें सिकोड़े, करवट लेकर पड़े हुए समरू को देखकर मुश्तरी की ममता मानो बाँध तोड़कर बाहर झरने-सी फूट पड़ी। अब तक जो उसकी नज़रों में अपने समय का सिकन्दरे-आज़म रहा, वही इस वक्त कागज़ी रावण-सा ढह पड़ा था। उससे यह देखा न गया। वह जनरल से चिपट गई और उसके ठंडे गाल को बार-बार अपने होठों की गरमी देकर उसके बूढ़े शरीर को अपनी बाँहों में कसने लगी। छलछलाई हुई आँखों से समरू को देखते हुए उसने कहा—"आका हुज़ूर, आपकी यह तकलीफ अब मेरी बोटियाँ नोच रही है। कनीज़ ने आफताब कभी यों गम की झील में गिरकर बुझते हुए नहीं देखा। मेरा कलेजा फटा जा रहा है सरकार, खुदा के वास्ते अपने दिल को यों तकलीफ न पहुँचाएँ।"

समरू ने आँखें खोलीं। हुकूमत, घृणा, चालाकी, अटूट आत्मविश्वास से चमकनेवाली उन गहरी नीली आँखों में इस वक्त मसान की मनहूसियत लोट रही थी। मुश्तरी ने उनमें ऐसा बुझा-बुझापन तो कभी देखा ही न था। भय से वह काँप उठी, ज़ोर से लिपट गई, फूट-फूटकर रो पड़ी।

मुश्तरी की वेदना समरू की राहत बनी। खुलते हुए साँवले रंग की बड़ी-बड़ी आँखोंवाली पन्द्रह-सोलह वर्ष की, फुलछड़ी-सी नाज़ुक देह वाली मुश्तरी इस समय समरू को खुद अपने दिल ही-सी प्यारी लगी। अपना दर्द पराया बनकर सामने आया

तो उनके दिल में प्यार उमड़ पड़ा। उन्होंने खुलकर उसे अपनी बाँहों में समेट लिया और उसकी नम आँखों को चूमने लगे।

सहानुभूति पाकर थोड़ी देर में समरू का मन स्वस्थ हो चला। शराब का घोड़ा भी उन्हें फिर से खयालों के मैदान में दौड़ाकर ले आया। कहने लगे, ''यह औरत अब तो मेरे लिए एक पहेली बन गई है। एक बार शक हुआ था कि जुआना मुझे धोखा देकर टॉमस से किसी किस्म की साँठ-गाँठ कर रही है। लेकिन मेरा हर गोयन्दा हर बार जाँच-पड़ताल के बाद मुझे यही इतमीनान दिला जाता है कि जुआना और टॉमस की मुलाकातों में भी सिर्फ मेरा ही ज़िक्रे-खैर होता है।...कुछ समझ में नहीं आता। आखिर यह औरत चाहती क्या है और इसकी वजह से टॉमस ने मेरी हुक्म-उदूली क्यों की!''

''हुज़ूर इतमीनान रखें, टॉमस साहब की जाँनिसारी पर शक नहीं किया जा सकता। उनकी खिदमतगार मेरी सहेली है। वह बतलाती थी कि टॉमस साहब हुज़ूर छोटी बेगम साहबा के हुक्मों की तामील महज़ इसीलिए करते हैं कि उन्हें वे आपसे जुदा नहीं मानते।''

''मेरा दिल इन्हीं सफाइयों से घबराता है मुश्तरी! सियासत के खिलाड़ी के हरम में जो औरत चालाक हो और फिर भी पाकीज़ा हो, मेरे लिए वह सबसे बड़ी पहेली बन गई है। जुआना आखिर किसके लिए मेरी चालों पर यह चालें चल रही है? उसने क्या समझकर टॉमस को यह हुक्म दिया कि वह मराठों को धोखा देकर नज़फ खाँ का साथ दे? मेरी हर नक्शेबन्दी मराठों की इस हार से कच्ची पड़ी गई।'' कहते-कहते एकाएक उनकी आँखों में एक बार क्रोध की ज्वाला भड़की, हुक्म दिया कि ''जुआना चाहे जिस हालत में हो इसी वक्त हाज़िर हो।''

खुले बालों गाउन में लिपटी हुई जुआना मुस्कराती हुई कमरे में दाखिल हुई। उसकी यह अदा देखकर समरू का गुस्सा यों थमा जैसे आग की तेज़ लपट पर पानी की फुहार पड़ी हो। नारी के सौन्दर्य से अपने-आपको यों बुझते देखकर समरू का क्रोध घुटने लगा। उमड़-घुमड़कर दो-तीन बार उनकी नज़रें उठीं और हर बार उनका क्रोध रूपी भयानक पशु सौन्दर्य की देवी से सामना होते ही दुम हिलाने लगा।

जुआना की मुस्कराहट, आँखों में प्रेम का समन्दर, अपने पति की हर नज़र के साथ उमड़कर और भी जादू-भरा, सुहाना हो गया। जुआना मुस्कराकर बोली, ''हुज़ूर के जरनैली हुकम की फौरन तामील करने के लिए मुझे पर्देदार डोले में बैठकर यूँ आना पड़ा।'' शिकायती आँखें तरेरकर पति के सामने ही कुर्सी पर बैठते हुए अपने बालों को लापरवाही से पीछे झटकाकर जुआना सहसा गंभीर स्वर में बोली, ''वाल्टर, तुम्हारी नाराज़गी बेकार है। मैंने जो कुछ किया है उसका नतीजा बहुत अच्छा होगा।''

''खाक अच्छा होगा। तुम्हें यह गलतफहमी हो गई है किं तुम सियासती मामलों में अब मुझसे भी ज़्यादा होशियार हो गई हो।''

''हरगिज़ नहीं, जुआना ने जो कुछ सीखा है तुमसे सीखा है। वह जो कुछ भी करती है, तुम्हारे लिए ही करती है...आँखों में चढ़ती हुई इस गुस्से की लहर को अपने अन्दर वापस लौटा लो वाल्टर! शक और गुस्से की गुंजाइश नहीं है। खुदा चाहेगा तो आज या कल ही तुम्हें मेरी वफादारी का सच्चा सबूत भी मिल जाएगा।''

समरू चौंककर परीक्षा-भरी दृष्टि से जुआना को देखने लगा। जुआना खिलखिलाकर हँस पड़ी और कहा, ''सरधना के नवाब वाल्टर रेनहार्ड साहब के गुस्से की तलवार एक नन्हीं-सी चींटी की जान लेने के लिए अगर यों बेसाख्ता म्यान से निकल पड़ेगी तो ज़माना उन्हें क्या कहेगा, बताओ तो! तुम्हारी यह कनीज़ तुम्हारी नज़र के महज़ एक इशारे पर बगैर सोचे-समझे इस खिड़की से जमुना में कूद सकती है। तुम जब और जिस तरह चाहो मुझे आज़मा सकते हो।''

लेकिन नवाब समरू की आँखें उठ-उठकर झपक-झपक गईं। उनसे कुछ जवाब देते न बना।

''मुश्तरी!'' मुश्तरी ने अपनी मालकिन से आँखें मिलाईं और शराब की सुराही और प्यालियाँ लाकर सजा दीं। फल, मेवे और गज़क की प्लेटें भी तरतीब से लगा दीं। जुआना ने उठकर सुराही हाथ में लेते हुए उससे कहा, ''तख्लिया। और देखो दीवान से कहो कि हुज़ूर नवाब जनरल साहब के सूबेदार होने की खुशी में हमारी तरफ से आज रात जश्न मनाया जाएगा। दिन-ढलने तक शाही फरमान लेकर कोई आएगा। उसकी खूब खातिर की जाए। कोई शिकायत न हो और देख, पहरे पर ताकीद कर दे कि कल इसी वक्त तक यहाँ कोई भी न आने पाए—जफर मियाँ नहीं, कोई नहीं, तू भी नहीं।''

मुश्तरी ने बाहर से तो सादर अपना सिर नवाया, पर मन-ही-मन उसकी ईर्ष्या का सर तन गया। जिस मालिक को पिछले कई महीनों से हर पल देखा करती है, उसे एक बेवफा और चालाक औरत के हुक्म से वह पूरे चौबीस घंटों तक न देख पाएगी। मुश्तरी का खयाल था कि एक वही है जो अपने मालिक को जी-जान से प्यार करती है बाकी सब झूठे हैं। यह जुआना बेगम तो शर्तिया झूठी और मक्कार है। भले ही इसका मक्रोफरेब अब तक किसी की निगाह में न आया हो, मगर यह दरअसल ज़हरीली नागिन ही है...हसीन मौत, शौहर के बजाय हुकूमत को प्यार करने वाली खूबसूरत बला।

जुआना प्याले में शराब डाल रही है और उसका तन से लिपटा हुआ लबादा भी ढलक रहा था। लामिसाल हुस्न की शराब समरू की बूढ़ी आँखों में ढलकर उन्हें रंगीन बना रही थी। जुआना ने वाल्टर के होठ चूमे, फिर अपने हाथों से शराब पिलाई, खुद भी उसी प्याले से पी, फिर कहा, ''मराठे हमें आगरे की सूबेदारी नहीं दे सकते थे। इतनी बड़ी जागीर भी ज़माना-ए-हाल में किसी को नहीं मिली।''

''मैं सूबेदारी नहीं, बादशाहत चाहता हूँ। ज़ब तक यह भूख नहीं जागी थी तब तक मेरे सोचने का तरीका कुछ और ही था लेकिन अब...''

"अब उस भूख की बेकरारी में सियासत के उस्तादुल-उस्ताद चूकने लगे हैं।"

सरधना के नवाब की नीली आँखों में शोले भड़क उठे। जुआना ने मानो उधर देखा ही नहीं, नज़रें और बायाँ हाथ पीछे घुमाकर बड़ी अदा से सोने की जड़ाऊँ सुराही उठाई, शोख जोबन शराब के जाम-सा उठा। हुस्न के ये चढ़े तेवर देखते ही नीली आँखों की आग का रंग बदल गया। जुआना ने अब भी समरू से नज़रें न मिलाईं। देह-से-देह छुलाती हुई पति के बाएँ बाजू वाली मेज़ की ओर बढ़ी, एक नये प्याले में शराब भरकर रख दी। पहले के अधभरे प्याले को उठाया और एक घूँट पीकर बोली, "एक ओर सिंधिया के हाथ मज़बूत करोगे और दूसरी ओर बादशाहत के सपने भी देखोगे? रूठकर मुँह फुलाना और साथ ही खिलखिलाकर हँसने की चाह भी करना। क्या खूब? कमीनी नाचने वालियों की अक्ल पर भरोसा रखकर चलने वाले..."

"मैंने अपनी ज़रखरीद लौंडी-बाँदियों की अक्ल के भरोसे पर कुछ यह हैसियत नहीं पाई—चाहे वह पाँच सौ कीमत वाली हो या दस हज़ार वाली। वाल्टर रेनहार्ड ने अंग्रेज़ों, फिरंगियों और देशी नवाबों को जिस अक्ल से अब तक नचाया है, उसी के बूते पर वह सिंधिया की आड़ में मुगल दरबार के सरदारों को भी नेस्तनाबूद कर देगा।" समरू ने तड़पकर जवाब दिया और प्याला अपने हाथ में उठाकर एक ही साँस में खाली कर दिया।

जुआना ने इस बार पति से आँखें मिलाकर ठंडे स्वर में कहा, "खजूर से गिरकर बबूल पर अटकने की यह नादानी मेरे शौहर के आला दिमाग की हरगिज़ नहीं हो सकती, यह मैं दावे से कह सकती हूँ। तुम्हें ज़रूर कोई गलत सलाह दे रहा है।"

"मुझे किसी ने यह सलाह नहीं दी।"

"तब तुम शर्तिया ही अंग्रेज़ों के हौवे से डरकर नाहक अपना होश गँवा बैठे हो। तुम्हारा सहारा लेकर शाहआलम को गद्दी से उतारने के बाद सिंधिया सबसे पहले तुम्हीं को नुकसान पहुँचाएगा, तब अंग्रेज़ उसके मददगार होंगे।"

समरू चुप; बहुत गम्भीर। जुआना फिर बोली, "सिंधिया बेहद चालाक है। उसने दिल्ली में जिस तरह से अपने पाँव जमा रखे थे उसे देखकर भी क्या तुम्हें कभी यह ख्याल न आया कि इसका नतीजा हमारे लिए अच्छा न होगा? महज़ अंग्रेज़ों के डर से जान-बूझकर धोखा खाना कहाँ तक मुनासिब होता?"

"उसके बगैर देहली को इस वक्त कोई सँभाल नहीं सकता था। या राजा परताप सिंह, अफरसियाब खाँ या इनमें से कोई भी..."

"देहली के तख्त को मज़बूत नहीं बना सकता, यह हकीकत है। मगर यही हमारे हक में है। हमारा साथ पा जाने की वजह से ही ये लोग अंग्रेज़ों से हाथ मिलाने के लिए नहीं बढ़े।"

"मगर शाहआलम?"

"उन्हें मैंने तुम्हारी तरफ से यह भरोसा दिला दिया है कि इन दोनों के झगड़े

में तुम उनके साथ हो। आगरे के मराठा सूबेदार को हटाकर उस किले का कब्ज़ा तुम्हें दिया जाना चाहिए। न तो उसे सिंधिया, देशमुख और निज़ामुद्दीन के कब्जे में रखा जाए और न इन लोगों को ही उस पर कब्ज़ा करने का मौका दिया जाए।''

''फिर? क्या जवाब दिया उसने?''

''डूबते हुए को तिनके का सहारा ही बहुत लगता है, यहाँ तो उसे नाव मिल रही है। बादशाह बेहद खुश है। तुम्हें कल आगरा के लिए कूच कर देना चाहिए।''

''हम समझते हैं कि ज़फर को फिलहाल वहाँ भेजना चाहिए। दो-चार दिनों तक दोनों तरफ के रंग-ढंग देखकर ही हमारा वहाँ जाना मुनासिब होगा।''

''जफर मियाँ नासमझी कर जाते हैं, खास तौर में मेरा कहना तो वह मुतलक नहीं मानते। ऐसे नाज़ुक मौके पर उनकी बहस हमारे हक में किसी वक्त खतरनाक भी साबित हो सकती है।''

''नबाबज़ादा ज़फरयाब खाँ की बदमिज़ाजी के लिए हम तुम्हें ही ज़िम्मेदार समझते हैं। हमने इसे टॉमस की निगरानी में...''

'' वह टॉमस का कहना नहीं मानते, मेरा कहना नहीं मानते। उनकी आदतें बेहद बिगड़ चुकी हैं।''

''तुमने बिगाड़ी हैं, हम बार-बार यह कहेंगे। अगर मेरा बेटा कल हिन्दोस्तान की बादशाहत सँभालने लायक न बन सका तो फिर हमारा यह तख्तोताज की ख्वाहिश करना ही बेकार है।''

''सच है, यह मैं भी मानती हूँ, पर इस नाज़ुक मौके पर तुम्हारा खुद वहाँ जाना ही मुफीद होगा।''

''लड़ाई का नक्शा साफ हुए बगैर हमारा वहाँ जाना मुनासिब न होगा। क्या तुम यह समझती हो कि शाही फरमान देखते ही लाखाजी मुझे खुशी से आगरे का किला सौंप देगा?''

''तब क्या यह सूबेदारी तुम कबूल न करोगे?''

''क्यों नहीं करूँगा! लेकिन फिलहाल मैं खुद नहीं जाना चाहता। मुनासिब यही होगा कि सिंधिया को कुछ रोज़ धोखे में रखा जाए। अगर ये दिल्ली के दरबारी हार गए तो मैं सिंधिया से यह कह सकूँगा कि मेरी मर्ज़ी के खिलाफ मेरा बेटा और मेरा सिपहसालार टॉमस दुश्मनों के साथ मिल गया था। इन दोनों ने ही हमारे नाम से सूबेदारी के अख्तियार हासिल किए थे।''

जुआना बेगम गम्भीर हो गई। अपने सौतेले बेटे को वह हरगिज़ आगे बढ़ने देना नहीं चाहती थी। ज़फरयाब खाँ बेहद नालायक था। जुआना और टॉमस से तो उसे खास बुग्ज़ था। उसकी माँ, बड़ी बेगम ने अपने सौतिया डाह में अपने बेटे को सौतेली माँ के साथ-ही-साथ अपने पिता के विरुद्ध भी खूब भड़का रखा था। नवाब समरू अगर कहीं अपने दिल से मजबूर होते थे तो अपने बेटे के लिए ही

होते थे। जुआना जानती थी कि समरू जान-बूझकर अपने बेटे को आगे बढ़ाना चाहता है ताकि उसकी आँखें मिचते ही उसकी कमाई हुई दौलत तीन-तेरह न हो जाए। वह खूब जानती थी कि उसके हुस्नो-हुनर का गुलाम होने के बावजूद समरू उसे दिल से नहीं चाहता और इसीलिए वह यह भी नहीं चाहता कि जुआना और टॉमस की ताकत बढ़े। समरू सिर्फ इसी वजह से उसकी हर उम्दा चाल में एक पख निकालकर उसे अपने काबू में रखना चाहता है। बेहद चालाक होने के बावजूद दीदा-औ-दानिस्ता वह चूक करता चला जाता है। समरू थक गया है, बूढ़ा हो गया है। वह खुद नहीं जानता कि वह चाहता क्या है? लेकिन जुआना अपने बूढ़े शौहर को अपनी उँगलियों पर नचाना जानती है। वह गम्भीर होकर बोली, ''यह सच है कि मैं ज़फर मियाँ की सौतेली माँ हूँ। यह भी सच है कि मैं साहबजादे से खुश नहीं। तुम भी उनसे खुश नहीं हो वाल्टर, मगर तुम इसलिए मजबूर हो कि वह तुम्हारी औलाद है। मैं भी इसीलिए मजबूर हूँ वाल्टर। हिन्दुस्तान के तख्तोताज का मालिक बन जाने के बाद हमें आगे के लिए सोचना ही होगा। मेरे कोई औलाद नहीं है। होने की उम्मीद भी अब नहीं है। इसलिए ज़फर मियाँ को तुम्हारी तरह से ही चाहना मेरी भी मजबूरी है वाल्टर। मुझे समझने में गलती न करो। तुम अगर फिलहाल आगरे नहीं जाना चाहते तो न सही, मुझे इजाज़त दो कि मैं नवाबज़ादे को लेकर खुद वहाँ जाऊँ, शर्त सिर्फ यह होगी कि ज़फर वहाँ कुछ न बोलेंगे, हुक्म मेरा ही चलेगा। यह ज़रूरी है वाल्टर।''

''हमें यह मंजूर है। आज ही शाम को हमारी फौजों की परेड होनी चाहिए। हम खुद ही यह ऐलान करेंगे कि तुम उनके साथ जाओगी।''

''आज नहीं वाल्टर। आज अब सियासत की बातें न होंगी। जिस फरिश्ते की बदौलत मैंने आज का यह दिन देखा है और जिसकी बदौलत मेरे सपने आगे भी यकीनन पूरे होंगे, आज उस फरिश्ते को जी भरकर अपनी नज़रों से, बाँहों से बाँधकर रखूँगी। मुझे तो तुम्हारे सिवाय इस ज़िन्दगी में और कुछ हासिल नहीं हुआ, आगे भी न होगा। मेरी जवानी को आज तुम्हारे हाथों का सिंगार चाहिए। अपने सोहाग के नशे से मखमूर होना चाहती हूँ, सुख के समुन्दर में डूब जाना चाहती हूँ।''

शातिर समरू नवाब अपने शक्की मिज़ाज की वजह से जुआना के शब्दों पर भरोसा तो नहीं करते, लेकिन उसके हुस्न के जादू से बेबस होकर उसकी तरफ खिंचे जा रहे हैं। उन्हें सिर्फ इसी बात का सन्तोष है कि ऐसा नायाब हुस्न इस समय शाहंशाहे हिन्द के हरम में भी मौजूद नहीं। जुआना का हुस्न इस वक्त उन्हें हिन्दोस्तान का ही क्या, सारे जहान का एकछत्र सम्राट् बना रहा है, और वे इसी खुशी के नशे में बेहोश होते चले जा रहे हैं। जुआना की गिरफ्त में खुद-ब-खुद बँधते चले जा रहे हैं।

छह

मराठे आगरे का किला छोड़कर भाग गए। बेगम जुआना समरू की रणनीति और कूटनीति दोनों ही सफल सिद्ध हुईं। चारों ओर बेगम का ही यश गाया जा रहा था। लेकिन जुआना मन से सूनी और उदास थी। समन बुर्ज पर अकेली खड़ी हुई वह चाँदनी में चमकते हुए, ताजमहल को एकटक निहार रही थी–कितनी सुन्दरता, कितना वैभव, मगर फिर भी पत्थर–निरा पत्थर। जुआना को लगा, जैसे वह खुद ही पत्थर का ताजमहल है, जिसके अन्दर उसका अरमान-भरा दिल मुर्दा बनाकर दफन किया गया है।

जुआना इस विचार ही से थक गई। नहीं, वह पत्थर नहीं, उसका दिल भी मुर्दा नहीं है। वह जीवित है और उसके अरमान एक दिन अवश्य पूरे होंगे। वह दिन अवश्य आएगा जबकि वह टॉमस से विवाह करेगी, उसके जीवन-सागर में आनन्द की हिलोरें उठेंगी। वह सन्तानवती, सुखी सद्गृहस्थ बनेगी, हज़ार तरीके से रीझ-रीझकर वह अपने पति परमेश्वर की पूजा करेगी।...लेकिन इस खयाल पर उसका विश्वास मानो भीतर से नहीं बँध पा रहा है। उसे लगा, जैसे वह आसमान में खेती कर रही है।...मगर वह अपनी यह इच्छा पूरी क्यों नहीं कर पाएगी, अड़चन ही क्या है? समरू एक-न-एक दिन मरेगा ही। वह छप्पन वर्ष का बूढ़ा है। आयु में वह उससे दुगुने से भी अधिक बड़ा है। जुआना के सुख के लिए उसे मरना ही होगा। अगर अपनी मौत न मरा तो मारा जाएगा, घुला-घुलाकर मारा जाएगा।...उसका मन अपने पति के लिए वज्र-कठोर हो उठा।

जुआना को फिर लगा कि वह पत्थर है, संगमरमर का सुन्दर ताजमहल, जिसके अन्दर एक कब्र उसके मुर्दा अरमानों की है और दूसरी टॉमस की। उसे लगा कि जैसे समरू, उसकी बड़ी बेगम और उसका आवारा-नालायक बेटा ज़फर खाँ उसके और टॉमस के असफल, मुर्दा अरमानों को हँसी उड़ा रहे हैं। वह हँसी बढ़ती जा रही है, बढ़ती जा रही है। जुआना उस हँसी से चिढ़ रही है। घबरा भी रही है। वह नहीं चाहती कि उसकी व्यक्तिगत सुन्दर कोमल भावनाओं पर किसी की घृणा की मूठ चले। वह नहीं चाहती कि उसकी यह स्वाभाविक इच्छा प्रतिफलित हुए बिना ही मर जाए। वह जीवन चाहती है, जीवन के लिए टॉमस को चाहती है। टॉमस... टॉमस....टॉमस! खुदा के नाम की तरह दिल की हर धड़कन में टॉमस-ही-टॉमस गूँज रहा है। जुआना बेकरार हो उठी है।

"बेगम साहबा।"

"कौन? ओह, तू है महबूब। किसलिए आई?"

"सुना है हुजूर, रात में यहाँ शाहजहाँ बादशाह की रूह भटकती है। और कहनेवाली की आँखों में राई-नोन और भटकटैया के काँटे, मगर सभी कहते हैं कि आप मुमताजमहल जैसी लगती हैं। खुदा न करे, भटकती रूह को कुछ धोखा हो

जाए...ना, ना मैं नहीं करने दूँगी, मुन्नी-अ-बेगम साहबा! ख्वाबगाह में तशरीफ ले चलें, रात काफी हो चुकी है।''

''शाहजहाँ की रूह आज यहाँ न आएगी, पगली। बदनसीबों से रूहें भी कतराती हैं।'' जुआना ने उदास होकर कहा और प्यार से महबूबा के कन्धे पर हाथ रखकर बुर्ज से नीचे उतरने लगी। चारों ओर सन्नाटा था, केवल कुछ तातारी औरतें पहरा दे रही थीं। किले में दूर पर शोर मच रहा था; सिपाही जश्न मना रहे थे। जुआना बेगम का पड़ाव जोधाबाई के महल में था, उसी ओर बढ़ते हुए महबूबा ने दबे स्वर में कहा, ''आपसे कुछ अर्ज़ करना चाहती हूँ बेगम साहबा! इजाज़त है?''

''कहो।''

''आज बहुत दिनों बाद मुन्नी कहकर पुकार लूँ आपको?''

''पुकार लो।''

''और 'तुम' भी कहूँ?''

''जो मर्ज़ी में आए कहो। एक तेरे सिवाय मेरा इस दुनिया में और है ही कौन?''

''इसी भरोसे पर मैंने तुमसे पूछे बगैर एक आदमी को पनाह दी है मुन्नी, और तुमसे उसकी मुलाकात करा देने का वादा भी किया है। अगर नाराज़ होना तो भले ही मेरा सर कलम करवा लेना, पर मेरी बात की लाज रखना। बस, यही कहना चाहती थी।''

''कौन है वह?''

''बशीर खाँ।''

जुआना चलते-चलते ठिठक गई, फिर कठोर स्वर में पूछा, ''क्यों आया है यहाँ?''

''एक सौगात लेकर।''

''टॉमस को खबर है?''

''उन्होंने ही मुझसे मिलाया था।''

''बीती ज़िन्दगी की सूरतों से मुझे नफरत है, बशीर खाँ से खास तौर पर। मैं उससे मुलाकात नहीं करूँगी।''

''वह एक मुकद्दस सौगात लेकर आया है मुन्नी। टॉमस साहब ने दस्त-बस्ता यह गुज़ारिश की है कि बशीर मियाँ को वह सौगात खुद ही तुम्हें नज़र करने का मौका दिया जाए। साहब ने बशीर मियाँ के सियासी एहसानों की बात भी उठाई थी।''

''टॉमस पर किए गए एहसानों का बदला मैं क्या चुकाऊँ। लेकिन तूने उसे पनाह क्यों दी? तू जानती है कि मैं उसका खयाल तक बर्दाश्त नहीं कर पाती!''

''पिछले नौ बरसों में तुमने हर रोज़ बशीर मियाँ को याद किया है मुन्नी! तुम्हारा यह गुस्सा और नफरत उनके लिए तुम्हारे प्यार की ही निशानी तो है।''

''प्यार मैं अब किसी से भी नहीं करती...न खुद से, न टॉमस से, और न उस बूढ़े भेड़िये से, जिसने दस हज़ार अशर्फियों से मुझे खरीदा था, और जिसे मैंने अब अपना पालतू कुत्ता बना रखा है।''

"इसी से ज़ाहिर है कि तुम बशीर खाँ से अब भी प्यार करती हो। इसीलिए लाख चाहने पर भी तुम टॉमस साहब को अब तक अपना दिल देकर भी न दे सकीं। मन की छब में अब भी बशीर खाँ है। मुझे सब मालूम हो चुका है मुन्नी! तुमने मुझे और मेरी को बहुत धोखे में रखना चाहा। मगर खुद साहब ही एक दिन अपने जी की घुटन में मेरी से यह कह गए। हमारे सामने इतनी बेकरारी दिखलाकर, हर बार मुलाकात के लिए हमें इत्ती-इत्ती खिदमतें महज़ देने के बावजूद तुमने टॉमस साहब को अब तक मीठे वादों और ख्वाबों के अलावा और कुछ नहीं दिया।"

"मुझे टॉमस से प्यार है। उसके सिवाय मेरे दिल को सुकून देने लायक अब कोई बहाना ही मेरे पास नहीं रहा।"

"हाय, बेचारा बहाना भर ही है। तुम्हारा इश्क अब भी बशीर खाँ की यादों में छिपकर पनाह लिये हुए है—इसे तुम मानो या न मानो।"

जुआना मौन रही। जोधाबाई का महल अब सामने था। पहरेदारों की भीड़ के पास आने से पहले जुआना ने महबूबा को अपनी बाँह में भरकर, रुककर कहा, "मेरे मन के सच से खेलकर इस वक्त तूने अच्छा नहीं किया महबूबा! मैंने जिस मोम को समझा था कि अब पत्थर हो चुका है, वह तेरी बात की आँच से फिर पिघलकर अपनी सच्चाई पा गया...अपनी आकबत तो बिगाड़ ही चुकी हूँ, तू मेरी दुनिया को भी तहस-नहस करने का सामान ले आई है। खैर, मैं बशीर खाँ से मिलूँगी। मुलाकात करने के वक्त चार पहरेदार कमरे में मौजूद रहें। और तू उसके साथ नहीं आएगी।"

आधी घड़ी के बाद मुलाकात हुई। मिलनेवाले कमरे में फिर से शमादान रोशन किए गए, पहरे का बन्दोबस्त हुआ, बेगम साहबा ने पोशाक बदली, बेशकीमती जवाहरात से अपना शृंगार किया, तब आई। कमरे में उनके तशरीफ लाने के बाद बशीर खाँ को बुलाया गया। नौ बरस बाद दोनों एक-दूसरे के आमने-सामने थे। उसे देखते ही जुआना 'दिलाराम' होने लगी। अधीर मन आँखों में लपक-लपक हुआ, मगर उसने अपने-आपको ज़िद के साथ कस लिया, बेरुखी से बोली, "क्यों आए हो बशीर खाँ?"

"हुज़ूर की खिदमत में अपने आदाब पेश करने और हुज़ूर को मुबारकबाद देने के लिए हाज़िर हुआ हूँ।"

"हम खुश हुए। अब आप जा सकते हो।"

"जी बहुत खूब। एक अर्ज़ भी करनी थी। गुलाम की यह नज़र कबूल फरमाई जाए।"

रूमाल में लिपटे हुए सोने के जड़ाऊँ डिब्बे में पन्ने का बना हुआ, बालिश्त-भर लम्बा एक क्रॉस रखा था, उस पर महात्मा ईसा की सोने की मूर्ति जड़ी हुई थी। ईसा के सर, हाथों और पैरों में मानिक यों जड़े गए थे मानो लहू की बूँदें टपक रही हों। मूर्ति बहुत ही सुन्दर थी। उसे लेने के लिए जुआना बेगम कुर्सी छोड़कर

खड़ी हो गई। मूर्ति को दोनों हाथों और छाती से लगाया। एक शमादान पास लाने की आज्ञा दी, फिर मूर्ति को देखने में तन्मय हो गई। उसके चेहरे की कठोरता गायब हो चुकी थी। कोमल स्वर में पूछा, "यह चीज़ तुम्हें कहाँ मिली बशीर खाँ?"

"हुजूर, आज से नौ साल पहले मेरी वालिदा के गहनों का बक्सा चोरी चला गया था..."

सुनते ही जुआना फिर कठोर हो गई, कहा, "हमने इस क्रॉस की बाबत पूछा था।"

"जी, वही तो अर्ज़ कर रहा हूँ। मेरे उसी नुकसान को पूरा करने के लिए हजरत ईसामसीह खुद-ब-खुद मेरे पास चले आए।"

बशीर खाँ के बनावटी भोलेपन से दिए गए इस जवाब ने जुआना बेगम को और चिढ़ा दिया, तीखे स्वर में व्यंग्य करते हुए कहा, "खूनियों और लुटेरों के पास खुदा कभी सच्ची शक्ल में नहीं आता।"

"हुज़ूर बजा फरमाती हैं। सोलह बरस पहले हमारे गरीबखाने खुदा का नूर एक दिन लूट के माल की शक्ल में ही आया था।"

जुआना का क्रोध पूरी तौर पर बाहर प्रकट न होने की वजह से खुद उसके मन को ही अपनी ज्वाला से जलाने लगा। तपकर बोली,"मुलाकात का मकसद पूरा हो चुका। यह मुकद्दस तोहफा हमने कबूल किया। कल सुबह टॉमस से मिल लेना, तुम्हारा इनाम तुम्हें वहीं से मिल जाएगा।" फिर एक पहरेदार की तरफ देखकर कुर्सी से उठती हुई बोली, "महबूबा से कहो कि बशीर खाँ के आराम की फिक्र करें। हमें भी अब आराम की ज़रूरत है।"

बशीर खाँ ने झुककर सलाम किया और जाने के लिए तत्पर जुआना से बोला, "हुज़ूर से गुलाम की एक फरियाद है। मेरी वालिदा माजिदा के जेवर चुरानेवाली मेरी गुलाम मुन्नी इस वक्त हुजूर ही के यहाँ पनाह पाए हुए है। चाहता हूँ कि सरकार उसे मेरे हवाले कर दें, ताकि मैं उसे मुनासिब सज़ा दे सकूँ।"

"हम यहाँ किसी मुन्नी को नहीं जानते।"

"हुज़ूर अगर इजाज़त दें तो मैं उसे पकड़कर अभी आपकी खिदमत में हाज़िर कर दूँ। उसने मेरे ऊपर बड़ा जुल्म किया है। मेरे तमाम एहसानात को भुलाकर वह मेरे यहाँ चोरी करके भाग आई। मेरे वालिद ने उसे आठ सौ रुपये में खरीदा था और मैंने अपनी जान लड़ाकर उसे दस..."

"तख्लिया।" जुआना बेगम ने ज़ोर से कहा, आड़ में खड़ी हुई बाँदियाँ और सामने कुछ दूर पर खड़े हुए पहरेदार कमरे से तुरन्त चले गए। जुआना ने बशीर खाँ के पास आकर धीरे-से कहा, "मुझे बेइज़्ज़त करने के लिए आए हो?"

"खुदा जानता है, मेरा यह इरादा कतई नहीं था, लेकिन यह मुझे बुरा लगा कि तुम अपने नौकरों की भीड़ के साथ मुझसे मिलने के वास्ते आईं।"

"इतनी रात में तुमसे अकेले में मुलाकात करके मैं यहाँ लोगों को किसी शक-शुबहे में डालना नहीं चाहती थी। तुम्हें बेइज़्ज़त करने का मेरा कोई इरादा न था।"

"अपने मुतल्लिक तुम्हारे हर इरादे को मैं बखूबी जानता हूँ दिलाराम? तुमने अपने शौहर और टॉमस से मेरे रिश्ते करीब-करीब खत्म ही करवा दिए हैं। मुझे दोस्त बनाकर रखतीं तो मैं तुम्हारे बड़े काम आता।"

"एक बार दोस्त बनाया था और तुम मेरे खूब काम आए। मुझे आदमी से पत्थर बना दिया।"

"एक सलाह दूँ दिलाराम! उस पत्थर से अब अपनी एक नई मूरत गढ़ डालो। अनगढ़ पत्थर सिर्फ ठोकरें खाता है, और देता भी है। और किसी का नहीं होता।"

जुआना मन-ही-मन टूटती जा रही थी। पिछले नौ वर्षों में किसी ने उसका सपने में भी अपमान करने का साहस नहीं किया था। नवाब समरू तक ने एक जगह पर सदा उसको भरपूर अदब दिया था। बशीर खाँ मानो उसके पिछले जन्म का भूत बनकर उसे डराने के लिए आ गया था लेकिन चालाक जुआना सहसा आँखों में आँसू भरकर बोली, "तुम अगर मुझे बेआबरू करने की कोशिश करोगे बशीर खाँ, तो मैं इसी वक्त यह अँगूठी का ज़हर चाट लूँगी। तुम मुझे खूब जानते हो।"

बशीर खाँ ने तुरन्त ही अपना रुख बदल दिया, बोला, "खूब जानता हूँ। बल्कि मैं ही तुम्हें जानता हूँ दिलाराम! मैं तुम्हारा दोस्त हूँ, दुश्मन नहीं। तुम भी अगर मुझसे दोस्त की तरह मिलतीं तो इन आँसुओं के निकलने की नौबत न आती। खैर, जाने दो। नज़रे-बद्दूर, तुम्हारे ये लाखों रुपये के हीरे-मोतियों की आब मेरी 'मुन्नी' मेरी 'दिलाराम' के इन अनमोल आँसुओं के आगे फीकी पड़ गई बेगम साहबा।...कभी-कभी सोचता हूँ मैंने बड़ी गलती की जो तुम्हें समरू के हाथों सौंप दिया। खैर, उससे मेरा जो कुछ बुरा हुआ सो हुआ, मगर तुम्हें जो आज इस रुतबे पर देख रहा हूँ, यह सुख क्या कम है! तुम मुझे चाहे हज़ार गालियाँ दे लो पर यह कभी न समझना कि मैंने चन्द चाँदी-सोने के टुकड़ों ही के वास्ते तुम्हें बेचा था। तुम्हारे जौहर ऐसी ही जगह में खुल सकते थे, मेरे यहाँ नहीं। वाह, क्या नाम कर रही हो तुम इस वक्त! सारी दुनिया को उल्लू बनानेवाले समरू को तुमने काठ का उल्लू बना दिया है। अब मेरी राय मानो जानेमन, धीरे से उस जर्मन भेड़िये को अपनी और टॉमस की राह से हटा दो। मगर ऐसी तरकीब से हटाना कि साँप मर जाए और लाठी न टूटने पाए।"

"आज मैं बेहद थक गई हूँ बशीर।"

"मानता हूँ, जो रात टॉमस के साथ तुम खुशी में गुज़ारतीं, वह मेरे आने से भारी-भारी-सी हो गई है।"

"नौ बरसों तक कोई जवान इस जिस्म को छू तक नहीं पाया। तुमने जिस बूढ़े भेड़िये की माँद में मुझे झोंक दिया वही जब-तब नाहक मेरी हड्डियाँ चिचोड़ता रहता है। बेगम बन गई, सियासत की शतरंज खेलने में शोहरत भी हासिल कर रही हूँ, लेकिन उस दिल का क्या करूँ जो तुम्हारे घर ही में छोड़कर चली आई हूँ। तुमने मेरी ज़िन्दगी को सच से झूठ बना दिया बशीर खाँ, मेरा वह सीधा-सादा बेरौनक सच इस शानदार हसीन झूठ से करोड़ों गुना अच्छा था।"

इसके बाद पल-दो पल तक दोनों चुप रहे। बशीर खाँ फिर गम्भीर और प्यार-भरी मीठी आवाज़ में बोला, ''बीत चुकनेवाला वक्त फिर से वापस नहीं बुलाया जा सकता। इतने बरसों में मैंने भी कुछ कम नहीं सहा है दिलाराम! खैर, जाने दो, मैं जिस खास मतलब से यहाँ आया हूँ, वह यह है कि मैं एक भोले-भाले बदनसीब फिरंगी नौजवान को तुम्हारे यहाँ नौकर रखना चाहता हूँ। यह क्रॉस उसी का है। अब वह मेरा छोटा भाई बन गया है।''

''यह काम तो तुम टॉमस से भी करवा सकते थे बशीर खाँ! मुझसे मिलने की ज़िद करके तुमने नाहक मुझे बेसुकून कर दिया।''

''मैं इसके लिए सच्चे दिल से माफी माँगता हूँ दिलाराम! मगर उस नौजवान को मैं तुम्हारे ही सुपुर्द करना चाहता हूँ। वह बदनसीब इस क्रॉस की चोरी करके चन्दन नगर से भागा था। फिरंगी लड़का है, अभी मुश्किल से बीस-इक्कीस साल का होगा; बहादुर, दीनदार और खूबसूरत, लाखों में एक। चन्दन नगर में उसके मुल्क से कोई बड़ा पादरी आनेवाला था। वहाँ के आला फिरंगी हाकिम ने उसे देने के वास्ते ही यह क्रॉस होशियार बंगाली सुनारों से तैयार करवाया था। जब बनकर तैयार हुआ तो वह लड़का मज़हबी जोश में इस पर ऐसा लट्टू हो गया कि रातों-रात अपने मालिक उस हाकिम की तिजोरी से इसे लेकर भाग आया। पटना में मेरी-उसकी मुलाकात हुई थी। इसे चुराकर उसकी रूह बेचैन हो गई है। वह इसे बेचना नहीं चाहता। किसी सच्चे ईसाई को सौंपकर अपने गुनाह से छुटकारा पाना चाहता है। मुझे तभी से तुम्हारा ख्याल आ रहा था। तुम्हारे यहाँ वह काम भी पा जाएगा और मन का चैन भी। तुम्हीं टॉमस साहब से कहकर या मुनासिब समझो तो अपने शौहर से कहकर अपनी फौज में भर्ती कर लेना।''

''ठीक है। लेकिन अब फिर मुझसे मिलने की कोशिश मत करना बशीर खाँ! तुम महज अब मेरे ख्वाबों की दौलत-भर रह गए हो, असलियत में नहीं रहे।''

''शुक्रगुज़ार हूँ। यही क्या कम है कि तुम्हारे वसीह दिल के एक कोने में अब तक मेरी जगह बनी हुई है। यह फिरंगी नौजवान तुम्हें मेरी याद दिलाता रहेगा। उसे मेरी सौगात समझना। महबूबा की तरह ही वह भी तुम्हारे बड़े भरोसे का आदमी साबित होगा। छः महीनों में मैंने उसे खूब परख लिया है। वह चोर होकर भी दिल का सच्चा है, हठीला होकर भी प्यार का भूखा, लचीला है। बड़ा प्यारा साथी है। अच्छा, अब इजाज़त दो। इतने अरसे के बाद तुम्हारे सामने आकर मैं खुद भी बेचैन हो उठा हूँ। तकिये पर सिर रखकर उसे दोनों आँखों से भिगोए बगैर अब मुझे चैन न पड़ेगा।''

भर नज़र दोनों ने एक-दूसरे को देखा। बशीर खाँ ने एक आह भरकर ज़ाने के लिए पीठ घुमाई। जुआना उसे तब तक देखती ही रही जब तक कि वह बाहर उसकी नज़रों से ओझल न हो गया।

सात

बशीर खाँ के जाने के बाद जुआना एकदम निढाल हो गई, चेहरा लाश की तरह निस्तेज और निष्प्राण हो गया। अपनी ख्वाबगाह में जाकर वह टूटी मीनार-सी अपने पलंग पर गिर पड़ी। बाँदियों में हलचल मच गई। उन्हें शक हुआ कि बेगम साहबा को गश आ गया है। अपनी नौकरानियों की घबराहट-भरी फुसफुस बातें सुनकर भी उसने प्रतिकार न किया। लेकिन जब उपचारस्वरूप उन्होंने गुलाब जल के छींटे देने और उसके हाथ-पैरों को मलकर होश में लाने का प्रयत्न किया तो उसे सह न पाई। झुँझलाकर कहा, ''चली जाओ तुम सब! महबूबा को भेज दो।''

बाँदियाँ सहमकर पीछे हट गईं। एक बाँदी महबूबा को खबर करने गई। उस समय वह बशीर खाँ से बातें कर रही थी। सुनकर कहा, ''तू चल, मैं आती हूँ।'' बाँदी के जाने के बाद बोली, ''आपके मिलने का असर मुन्नी पर अच्छा नहीं हुआ। अब वह मुझसे खूब-खूब नाराज़ होगी।''

''मैं समझता हूँ कि इस वक्त उसने तुम्हें नाराज़ होने के लिए नहीं बल्कि सहारे के लिए बुलाया है। उसे सहारा दो महबूबा। चमकदार सितारा होकर भी वह औरत बदनसीब है। क्या किया जाए, नसीब ने जो कुछ हमारे लिए बो रखा है वही तो हम लोग काटेंगे। मेरे लिए अब्बा मरहूम की कसम आड़ आ गई थी, वर्ना इसे पाकर शायद मेरी ज़िन्दगी बदल जाती। मैं शर्तिया ही अपने वालिद के घिनौने पेशे को छोड़ देता, सिर्फ तस्वीरें बनाता और इसके साथ अपने बहिश्त में मगन रहता। खैर, जो नामुमकिन था वह सदा नामुमकिन ही रहेगा। यह औरत अपने बहिश्त के ख्वाब अब छोड़ दे तो सुखी रह सकेगी। सदा इस बात का ध्यान रखना महबूबा कि दिलाराम अब मुझसे नफरत न करे। मेरे लिए प्यार और नफरत दोनों ही बातें उसके वास्ते मुज़िर हैं।''

महबूबा उदास स्वर में बोली, ''जिसके तन में साँसों का डेरा हो उससे कहा जाए कि तेरे लिए न जीना मुनासिब है और न मरना ही, दोनों ही मुज़िर हैं। क्या खूब आपने हुक्म फरमाया है बशीर मियाँ!''

''कह तो दिया पगली, यह सब नसीब का चक्कर है। मजबूर साँसों पर ही ज़िन्दगी का किला बनाना सिर्फ मर्द का काम है। तुम्हारी सहेली के अन्दर मर्द की रूह बसती है महबूबा! यह उसकी दूसरी बदनसीबी है। दूसरी नज़र से यह बदनसीबी ही दरअसल दिलाराम की खुशनसीबी भी है। खैर, होगा, तू जा और देख, तुझसे भी कहे जाता हूँ, मेरे फिरंगी को कोई तकलीफ न हो। वह भी मजबूर साँसों की दौलत है। उसमें और दिलाराम में बस इतना ही फर्क है कि उसने औरत के तन में मर्द का दिल पाया है और इसने मर्द के तन में औरत का या किसी नन्हे बच्चे का दिल पाया है। उसे तुम्हारी सहेली बिना वजह ठेस न पहुँचाए, इसका खयाल

रखना।'' बशीर खाँ से विदा लेकर महबूबा जब जुआना के कमरे में आई तो वह अकेली गम्भीर उदासी में खोई हुई अपने पलंग पर बैठी थी। उसे देखकर महबूबा ने मुस्कराने की कोशिश की, लेकिन होठों पर एक फीकी लकीर-भर ही खींचकर रह गई। पास आकर बोली, ''यह जेवर उतार दो, सोते में गड़ेंगे।'' जुआना कुछ न बोली, एक निसाँस-भर ढाल दी। गले से पन्ने का भारी कंठा और बड़े मोतियों का हार खोलते हुए महबूबा ने कहा, ''अपनी साँसों की मजबूरी को समझनेवाला इन्सान ही अपनी ज़िन्दगी को काबुल की मीनार बना सकता है। गम से फायदा नहीं। अभी तुम्हें बड़े-बड़े काम करने हैं मुन्नी! अच्छे-अच्छे सरदारों की अक्ल को भी तुमने घास चरा दी। बशीर मियाँ कहते थे कि अब दिल्ली में नवाब समरू की बजाय बेगम समरू का नाम ही गूँजता है। चार दिनों में तुम्हीं-तुम चमकोगी। खुदा करे कि दूसरी रज़िया सुलताना बनो।''

''यानी काँटों का ताज पहनूँ?''

''काँटों का ताज पहनकर हज़रते ईसामसीह ने दुनियावालों के दिल में यह जगह हासिल की थी।''

''हर शख्स ईसा नहीं बन सकता।''

''लेकिन ईसाई बन सकता है।''

जुआना हँस पड़ी, ''ईसाई! वह तो मैं बन चुकी।''

''महज़ सियासी तौर पर ही बनी हो मुन्नी।''

''मज़हब सियासत के सिवाय और है ही क्या पगली! सब कुछ देख लिया इस छोटी-सी उम्र में। खुदा मुझे न मस्जिद में मिला, न कलीसा में। मज़हब मन का सिर्फ एक बहाना-भर है।''

''यह ज़िन्दगी ही एक बहाना है मुन्नी! तुमसे मेरी बराबरी तो हरगिज़ नहीं, लेकिन देखो न, मैं भी तो आखिर जी ही रही हूँ, और मेरे जीने का बहाना तुम हो।''

''और कल अगर मैं न रहूँ तो?''

''खुदा न करे ऐसा हो मगर साँसों की मजबूरी से जीना तो पड़ेगा ही और जीने के लिए बहाना भी साधना ही पड़ेगा। ज़िन्दगी ताकत और मजबूरी दोनों ही का नाम है। इनकी ताकत दिखाकर अब मजबूर बनती हो?''

जुआना ने जवाब तो न दिया, मगर एक उसाँस बेसाख्ता खिंच ही गई। महबूबा ने उसमें ही अपना जवाब पा लिया, स्वर में ताज़गी लाकर कहा, ''ठहरो, शराब लाती हूँ। जब जीने का कोई बहाना न हो तो वही सबसे उम्दा बहाना है। अरे जब हमें जीना ही है तो किसी से हारकर क्यों जिएँ। मुझे नसीब ने किसी का प्यार नहीं दिया, मगर मैं अब माँगती भी नहीं, तुम्हें प्यार करती हूँ मगर तुमसे भी एवज़ में प्यार नहीं चाहती। मेरा सुख-दुःख सिर्फ मुझी में सिमटा हुआ है।''

"तू खुशकिस्मत है, कम होश और ज़्यादा जोश में तेरा काम चल जाता है, मगर मेरा होश और जोश तो एक जैसे तेज़ धारवाले झरने हैं, बल्कि होश का झरना मेरे जोश से भी ज़्यादा ऊँचाई से गिरता है। उसकी फुहारों की बिजली कभी-कभी मेरे तन को जलाकर मेरे मन को बावला नाच नचा देती है। क्या करूँ, कहाँ जाऊँ कि सुकून मिले? ला, शराब ही दे। अब वही मेरा सहारा बनेगी—खुशी की शराब, हुकूमत की शराब!"

जुआना में फिर से जीवन का कसाव आ गया। अब तक बशीर खाँ के प्रति उसकी तीव्र घृणा ही उसकी अन्तरशक्ति बनी हुई थी। नई स्थिति में ढकेली जाने से ही उसने अपनी जीवनेच्छा के लिए जो फरेब साधा था वह अब उसे आगे नहीं ले जा सकता। अपने जीवन-पुरुष के रूप में समरू केवल एक धोखे की टट्टी था। वह अपनी इस मजबूरी को जानती थी। टॉमस को उसने बशीर खाँ के घर से यहाँ आने के बाद नये मालिक को रिझाने के लिए सहारे के रूप में स्वीकार किया था, वह सहारा धीरे-धीरे जितना ही प्रबल बनता गया उतना ही प्रबलता से उसे अपने से बाँधने के लिए 'दिलाराम' से 'जुआना' बननेवाली उसके भीतर की होशियार औरत ने अपना प्रेम का जादू फैलाया था। उस जादू में गो वह खुद भी फँसकर अपने को छलने लगी थी, मगर पर्दा-दर-पर्दा मन की किसी तह में वह जानती थी कि वह एक छलावा-भर ही है। ऊपरी तौर पर वह जिसके नाम तक से नफरत करती थी उसी बशीर खाँ से उसे दरअसल प्यार था। नौ बरसों के बाद देख लेने की इच्छा पूरी होते ही आज वह खूब समझ गई है कि उसे केवल बशीर खाँ से प्यार है, लेकिन वह प्यार उसे अब कभी मिल नहीं सकेगा। जो सुलभ है वह प्यार का नाटक-भर ही है। उसे उतने ही से सन्तोष करना होगा। मन की घृणा दूसरों को खाते-खाते अन्त में खुद अपनों को ही खा जाएगी। इसलिए अगर अपनी सुरक्षा के लिए उसने समरू के साथ वह नाटक साधा है तो काम-सुख के लिए उसे टॉमस से भी वैसा ही नाटक साध लेना चाहिए। मन में भले बशीर खाँ ही रहे, जैसे खुदा रहता है, मगर तन में टॉमस को अब बाँध ही लेना होगा। उसके बिना अब दूसरी गति नहीं। थोड़ी ही देर में मन तेज़ी से नाचकर स्थिर हो गया। बड़े नखरे और प्यार से महबूबा के गले में बाँह डालकर, उसे अपनी ओर खींचकर धीरे से नशीली आवाज़ में कहा, "किसी तरह टॉमस को छिपाकर ले आ। आज उसे वाकई खुश कर दूँगी। तुझे भी खुश करूँगी। आज मैं बहुत खुश हूँ।"

आठ

दूसरे दिन सबने देखा कि बेगम साहबा आज बेहद खुश हैं। पुरानी-से-पुरानी नौकर-बाँदियों ने भी छोटी बेगम साहबा को इतना प्रसन्न कभी नहीं देखा। मन के

आनन्द ने तन की सुन्दरता को निर्मल और कई गुना अधिक बढ़ा दिया था। सुबह मुँहअँधेरे अपने डेरे में लौटकर आने पर मेरी और उसके पति ने अपने मालिक टॉमस साहब के चेहरे पर बरसती हुई खुशी की रौनक तो देखी ही, साथ ही उनके हाथ में पन्ने-सोने के प्रभु यीशु भी देखे। मेरी और जोज़फ ने घुटने टेककर दर्शन किए और भक्ति के आँसू बहाए। बाद में, दो पहर दिन चढ़े दो दिलों के हाल सुनने-सुनाने के लिए मौका पाकर मेरी अपनी सहेली महबूबा के पास गई।

बेगम जुआना समरू उस समय दरबार में अपनी सरधना बिग्रेड के चीफ कमाण्डर जार्ज टॉमस साहब के साथ आए हुए फिरंगी नौजवान लवसूल से भेंट कर रही थी। सुनहरी कुर्सी पर विराजमान दिव्य सौन्दर्यशालिनी राजसत्ता को शरणागत लवसूल पूज्य धार्मिक भाव से मुग्ध होकर देख रहा था। उसकी सुधबुध ही बिसर गई थी।

और जुआना बेगम ने भी अपने जीवन में पहली बार किसी पुरुष का ऐसा मादक, मोहक सौन्दर्य देखा था। टॉमस तो खैर साधारण सुन्दर ही था, किन्तु बशीर खाँ की आकर्षक सुन्दरता भी इसके आगे मद्धिम पड़ जाती थी। लाजवाब। अगर कोई जवाब है तो वह खुद ही है। बेगम साहबा की आँखों में हुस्न और जवानी का प्रशंसात्मक जादू चढ़ा, मगर उसके भीतर वाली हुकूमत की शक्ति ने टॉमस की उपस्थिति के कारण अपने ऊपर बाकमाल अनुशासन साधा। लवसूल को नज़रअंदाज़ करके, गुप्त प्यार-भरी नज़रों से टॉमस को देखकर बोली, "हुज़ूर नवाब साहब के तशरीफ लाने तक इस नौजवान को किसी मुनासिब काम से लगा दो। हम चाहते हैं कि पहले इसकी काबलियत का इम्तहान लिया जाए।"

"परसों रात से शहर में जिस बदइन्तज़ामी का बोलबाला हुआ है हुज़ूर, उसे देखते हुए मैं समझता हूँ कि शहर कोतवाल को हमारी मदद की सख्त ज़रूरत है। नियामत खाँ मातबर ज़रूर है, मगर मुझे लगता है कि लाखाजीं सूबेदार का असर कोतवाली के सिपाहियों पर किसी ऐसी तरफ से पड़ रहा है कि बेचारे नियामत खाँ हरचन्द चाहकर भी कुछ नहीं कर पा रहे हैं। शहर को एक नायब कोतवाल..."

"बेअदबी माफ करें हुज़ूर, यह तमाम कारस्तानी खुद नियामत खाँ की है। दिल्लीवाले निज़ामुद्दीन और देशमुख ने उसे यह लालच दिया है कि उसे सूबेदार बना दिया जाएगा।" टॉमस की बातों की प्रतिक्रिया में लवसूल सत्य उद्घाटित करने के उत्साह में आकर उसकी बात पूरी होने के पहले ही बोल उठा।

बेगम को नये आदमी की यह वाचालता बुरी लगी, तेज़ होकर बोली,"बादशाह के आला अफसरों के खिलाफ बगैर सबूत ऐसी बातें करनेवाले की ज़बान कलम कर ली जाती है, यह जानते हो फिरंगी नौजवान!"

लवसूल तब भी निडर रहा, संयम की मर्यादा में रहते हुए भी उसके स्वर में आवेश था, उत्तर में बोला, "यह नाचीज़ सिर्फ इतना ही जानता है कि फरख्रे-मिल्लते-मसीही, मरयम-उल्-अस्मत् के रूबरू झूठ बोलनेवाला इन्सान महज अपनी ज़बान या सर कलम

कराके ही अपनी सज़ा से छुटकारा नहीं पा सकता, उसे दोज़ख की आग में भी जलना पड़ता है। मैं अनकरीब एक माह से इस शहर में हूँ। मैंने उस्ताद बशीर खाँ के साथ यहाँ की हर सराय, मयखाने और हर अखाड़े का भेद जाना है। इसलिए पूरी ज़िम्मेदारी के साथ कह सकता हूँ कि नियामतखाँ दगाबाज़ है। वह चूँकि लाखाजी सूबेदार को यहाँ से उखाड़ना चाहता था इसलिए उसने हुजूर का साथ दिया था।''

लवसूल जिस समय बोल रहा था, उस समय बेगम जुआना समरू पैनी नज़रों की टकटकी बाँधकर उसे देख रही थी। उसे लग रहा था कि युवक झूठ नहीं बोल रहा; इतना ही नहीं वह स्वयं उसी के मन के एक खुटके को खोल रहा है। कल रात में ही एक बार यह आशंका उसके मन में हल्के तौर पर उठ चुकी थी। नौजवान की बातों से जुआना की वह आशंका इस समय पूरी तौर से सजग हो उठी। अपनी आँखों को सवालिया निशान बनाकर उसने टॉमस की ओर देखा।

अब तक लवसूल की निर्भयता और साफगोई को प्रशंसा-भरी दृष्टि से देखनेवाले टॉमस ने बेगम से नजरें मिलाते ही एक बार नजरें झुका लीं, डुबकी मारकर उसके मन का साहस उभरा। उसने कहा, ''बशीर खाँ ने मुझे कल कुछ गहरे सुराग दिये थे। मैंने उन पर गौर भी किया है, लेकिन शहर कोतवाल की बाबत आपके रुख को देखते हुए अब तक कहने की हिम्मत न कर सका।''

''खैर। फिरंगी नौजवान, क्या नाम है तुम्हारा, लवसूल, जिस तरह कहने की हिम्मत तुम दिखला सके, क्या उसी तरह अपने करतबों का जादू भी दिखला सकते हो?'' बात कहते-कहते अनिवार्य रूप से नज़रें मिलीं और जुआना के मुँह से 'हिम्मत' शब्द के बजाय 'जादू' शब्द इतने अनायास रूप से निकल पड़ा कि खुद जुआना ही अपने मन में कटकर रह गई । लवसूल की आँखें बशीर खाँ की आँखों की याद दिलाकर मन-ही-मन उसे श्रद्धानत बना गईं।

लवसूल जोश में आ गया; अदब से सर झुकाकर कहा, ''सरकार एक मौका मुझे इनायत फरमाएँ, और हुजूर टॉमस साहब अपने चुने हुए पचास सिपाही मुझे दे दें तो खुदा मेहरबान, फज्ले-रहमते-यीशु से मैं आज शाम, हद कल एक पहर दिन चढ़े तक शहर में मुकम्मिल अमन कर दूँगा।''

लवसूल का आत्मविश्वास जुआना और टॉमस दोनों ही के मन को छू रहा था, लेकिन जुआना अब अपने से अधिक सचेत हो गई थी। सावधान स्वर में पूछा, ''तुम्हारे काम का तरीका क्या होगा लवसूल?''

''जी, शहर की फुलहट्टी में एक तोताराम माली है, बुर्दा फरोश भी है। उसका बड़ा भाई यहाँ के माहियों का चौधरी था। तोताराम ने उसकी हसीन लड़की को नियामत खाँ की नज़र करने का लालच देकर और अपने भाई को एक डकैत गिरोह का आदमी बतलाकर फाँसी पर चढ़वा दिया। तब से वह नियामत खाँ कोतवाल की नाक का बाल हो गया है। औरतें बेचने के सबब से शहर के अमीर-उमराओं के

दरबार तक उसकी बखूबी रसाई है। नियामत खाँ का दूसरा साथी पेशवा फौज का एक भगोड़ा सिपाही, शातिर बदमाश चिमणाजी जमादार है। पिछले दस-पन्द्रह सालों से वह इस शहर में रहता है। छोटी-मोटी महाजनी करता है और शहर के हर गिरोह पर उनका ज़बरदस्त असर है। उसके सियासती हथकण्डों से यहाँ के बड़े-बड़े बाँके सरदार भी उसके आगे झुके रहते हैं। तोताराम की मार्फत नियामत खाँ ने खुद सूबेदार हो जाने पर उसे कोतवाल बना देने का लालच दे रखा है। मैं आज कोतवाल के इन्हीं दोनों मोहरों को आपस में लड़ा दूँगा हुजूर, इन दोनों की जगह मैं आज अपने मोहरे बिठला दूँगा। कल से शहर की फिजा अपने-आप ही बदल जाएगी।''

''सिपाही तुम किसलिए चाहते हो?''

''हुजूर, जब उनके आदमी लड़ेंगे तब मैं आदमी लेकर मौके पर पहुँच जाऊँगा और हुजूर के नाम पर इन्तज़ाम सँभाल लूँगा। नियामत खाँ को हुजूर से बाज़ाब्ता शिकायत करने का मौका न मिलेगा।''

''ठीक है, तुम्हें मौका दिया जाता है लवसूल, अगर कामयाब हुए तो हम हुजूर नवाब साहब से तुम्हारी सिफारिश करेंगे और तुम्हें इनाम भी देंगे। अब तुम जा सकते हो लवसूल।''

''जी बहुत अच्छा।'' बड़े अदब से बेगम की बात का जवाब देकर उसने टॉमस से कहा,''सर, मैं बाहर आपका इन्तज़ार करूँगा।'' पूरे मुगलिया अदब के साथ कोर्निश करते हुए लवसूल उल्टे पाँव पीछे-पीछे लौटने लगा। दरवाज़े तक जाकर उसने फिर अपनी श्रद्धा-भरी आँखें जुआना बेगम की ओर उठाईं। जुआना की नज़रें भी उसी समय उठीं। फिर नज़र का जादू चढ़ा और फिर उसका मन अपनी कमज़ोरी पर लज्जित हुआ।

नौ

बाहर चले आने के बाद टॉमस का इन्तज़ार करते हुए लवसूल इसी तोताराम और चिमणाजी जमादार के बारे में सोचता रहा। बेगम साहबा ने अपने श्रीमुख से उसे अपने करतबों का जादू दिखलाने की आज्ञा दी है। लवसूल अब जादू ही दिखलाना चाहता है। बेगम जुआना समरू उसकी नज़र में इस धरती की साधारण स्त्री नहीं वरन् स्वर्ग की देवी थी। बशीर खाँ ने पिछले छः महीनों में उसके सामने अपनी दिलाराम की इतनी-इतनी तारीफें की थीं कि आज से पहले लवसूल का जवान दिल उस देवी के दर्शन के लिए विकल, बावला हो रहा था। पन्ने का क्रॉस अपनी दिलाराम को दिलवाने के लिए बशीर खाँ ने लवसूल के सामने शुरू ही से उसकी ऐसी तस्वीर खींची थी जैसे कि वह मानुषी नहीं वरन् ईसाई धर्म की दिग्विजय कराने के लिए स्वर्ग से अवतरित

देवी हो। उस देवी के प्रत्यक्ष दर्शन करके लवसूल का मन आज अपनी चोरी के पाप से मुक्त हो गया था। जुआना बेगम के दर्शन से उसके मन की पवित्रता का स्रोत फिर से फूट-फूट पड़ा था, और ऊँची धारवाले फव्वारे की तरह उड़-उड़कर बरस रहा था।

टॉमस की प्रतीक्षा वह केवल कुछ अशर्फियों के वास्ते ही कर रहा था। सिर्फ उन्हीं की माँग करने ही हिम्मत वह बेगम साहबा के सामने न कर सका। अपने काम के वास्ते लोगों को खिलाने-पिलाने के लिए कम-से-कम दस-बीस अशर्फियाँ तो उसकी जेब में होनी ही चाहिए। सबसे पहले लवसूल काले खाँ खलीफा को अपने शीशे में उतारेगा। चार-छः रोज़ पहले, जब यहाँ लड़ाई हो रही थी, वह एक दिन बशीर खाँ उस्ताद के साथ काले खाँ के यहाँ गया था। वहीं उसे यह भी मालूम हुआ कि नियामत खाँ ने दिल्ली में सिन्धिया के दाहिने हाथ निज़ामुद्दीन खाँ से यह समझौता कर रखा था कि आगरे के मराठा सूबेदार को हटाकर उसे वह गद्दी दिलवाई जाएगी और नियामत खाँ चिमणाजी को शहर कोतवाल बना देगा। मराठा सूबेदार लाखाजी ने कभी चिमणाजी के आगे घास नहीं डाली थी। इसलिए वह उनसे काट रखता था और चिमणाजी को कोतवाली मिलने की खबर से बूढ़े खलीफा काले खाँ के मन में बड़ी जलन हुई। उस दिन काले खाँ के घर से लौटते हुए बशीर खाँ ने लवसूल से कहा था, ''चिमणाजी ने अपनी अक्ल के जादू से यहाँ के बड़े-बड़े शेरों को अपने बस में ज़रूर कर रखा है, मगर कोतवाल होते ही वह मारा जाएगा, यह याद रखना। अपने स्वारथ की अकल भैंस में भी होती है। यह कल्लू खलीफा चिमणाजी के यहाँ आने से पहले यहाँ बेताज का बादशाह था। अब चिमनिया जादू से बँधा-बँधा घुटता रहता है।'' उस्ताद की यह बात ही इस समय लवसूल की तरकीब बनी। लवसूल कल्लू खलीफा को चिमणाजी के खिलाफ उकसाएगा।... एक गिरोह को तोताराम माली के घर पर डाका डालने के लिए तैयार करना चाहिए। तोता के बड़े भाई की मशहूर नमकीन रखैल बतासो नाइन पर, जिसे इस समय तोताराम रखे हुए है, चिमणाजी अरसे से दाँत गड़ाए है। वह तोताराम को मुँहमाँगे दाम देने को तैयार है, लेकिन तोता राज़ी नहीं होता। बतासो को उड़ाने का अपराध चिमणाजी पर आरोपित किया जाएगा। दो गिरोह लड़ेंगे तब लवसूल फौजी वर्दी में अपने सिपाहियों के साथ मौके पर पहुँच जाएगा। चिमणाजी और तोताराम गिरफ्तार करके सीधे किले में पहुँचा दिए जाएँगे, फिर शहर का हर बदचलन रईस और गुंडा, लवसूल और टॉमस की धमकियों के वश में आ जाएगा।

योजना का उत्साह लवसूल को काम को तीव्र स्फूर्ति दे रहा था। अपने उतावलेपन में उसे टॉमस की प्रतीक्षा करना बुरी तरह से खल रहा था। क्यों न वह सीधे जाकर बेगम साहबा से ही रुपये माँग ले। लेकिन इसके लिए मन फिर झिझका, अभी वह नया-नया आया है, अशर्फियाँ माँगने का बेगम साहबा पर बुरा असर भी पड़ सकता है। तब फिर वह क्या करे?...प्रेरणा की फुहार फिर लहराई। आज सुबह जाने से पहले बशीर खाँ ने महबूबा से उसे मिलाया था, कहा था, ''तुम अपने मन का हर

दुख-सुख बेझिझक होकर इससे कह सकते हो। इसके रहते तुम्हें यहाँ कोई तकलीफ नहीं होगी।''...ध्यान से महबूबा का नाम टकराते ही वह उसकी तलाश में निकल पड़ा। एक खवास से पूछा, उसकी बतलाई हुई एक बाँदी की खोज में निकला, और खोज पर खोज करते हुए आखिरकार महबूबा उसे मिल ही गई। उसे देखकर वह मुस्कराई, आगे बढ़कर पूछा, ''इतनी बदहवासी क्यों? क्या बात है?''

''सुनिए, मुझे बीस-पच्चीस अशर्फियों की सख्त ज़रूरत आ पड़ी है।''

''क्या किसी माशूका को रिझाना है?''

प्रशंसा-भरी मीठी आँखों से उसे देखते हुए महबूबा ने छेड़ा।

लवसूल झेंप गया, बोला, ''जी नहीं, हुजूर बेगम साहबा को एक जादू दिखाना चाहता हूँ—सियासत का जादू। बस इससे आगे अभी मुझसे कुछ न पूछें। बेगम साहबा से रुपये माँग न सका। टॉमस साहब उनके दरबार में हैं, न जाने कब तक वहाँ मशगूल रहें। मेरा वक्त नाहक बरबाद हो रहा है, इसीलिए आपके पास दौड़ा आया हूँ।''

''बहुत खूब! बैठो, अभी लाई। गेंदिया, साहब के वास्ते शरबत ला।'' दरवाजे पर खड़ी दासी आदेश पाकर जाने लगी। लवसूल ने हड़बड़ाकर कहा, ''शरबत नहीं, मुझे रुपये दे दीजिए, मैं जल्दी में हूँ।''

लवसूल की उतावली देखकर महबूबा मुस्कराई। कहा, ''हाँ-हाँऽ! नन्हे-मुन्नों को ऐसी ही बेकरारी सताती है। क्यों न हो, आखिर खेल का जोश जो ठहरा।''

लवसूल को बुरा लगा, कहा, ''जी खेल का जोश नहीं, यह फर्ज़ की चुस्ती है। मैं नन्हा-मुन्ना हरगिज़ नहीं हूँ।''

महबूबा ने सुना, हँस पड़ी, फिर भीतर की कोठरी में चली गई। लवसूल कमरे में चहलकदमी करता रहा। महबूबा के नन्हा-मुन्ना कह देने से वह भुनभुना उठा था। एक तरफ से तश्तरी में सुराही और गिलास लेकर गेंदियाँ, और दूसरी तरफ से महबूबा मुस्कराती हुई करीब-करीब एक ही समय में आई। शरबत को नज़रअन्दाज़ करके वह महबूबा की ओर हाथ फैलाकर बढ़ा। महबूबा मुस्कराकर बोली, ''अरे, पहले शरबत तो नोश फरमाइए, मियाँ लब-वसूल।''

''जी, मेरा नाम लवसूल है। आप न पुकार सकें तो उस्ताद की तरह मुझे लब्बू खाँ कह लिया करें। किसी तरह अपना नाम बिगाड़ा जाना मुझे पसन्द नहीं आएगा। और यह नन्हा-मुन्ना लफ़्ज भी अपने को सख्त नापसन्द है।''

''कुछ मैं भी पसन्द कर सकती हूँ मियाँ लब-वसूल। आखिर मैं भी इन्सान ही हूँ।'' स्नेह और शोखी-भरी नज़रों से उसे देखकर दासी से कहा, ''जा,'' और फिर लवसूल की ओर ढीठ बनकर देखने लगी।

लवसूल ने मूर्ति चुराने के प्रायश्चित्त-स्वरूप एक वर्ष तक अखंड ब्रह्मचर्य धारण करने का व्रत ले रखा था, शराब भी उसी व्रत के कारण उसके लिए वर्जित है। वह सुराही और महबूबा की कटीली चितवनों से चिढ़ उठा, बोला, ''माफ कीजिए,

मैंने आजकल शराब न पीने की कसम खा रखी है। मुझे रुपये इनायत कीजिए। बड़ी जल्दी में हूँ।''

''मैं जानती हूँ कि नन्हे-मुन्नों को कैसी-कैसी कसमें खाने की आदत है। बशीर मियाँ मुझे बतला भी गए हैं। यह सादा शरबत है साहब बहादुर! पी लो।'' लवसूल इनकार न कर पाया, गिलास हाथ में लेकर जल्दी-जल्दी घूँट भरने लगा। महबूबा फिर बोली, ''बहुत जल्दबाज़ी अच्छी नहीं होती मियाँ लवसूल। जादू वही पुरअसर होता है जिसके पीछे करतबों के तिलिस्म होशियारी से रच-रचकर बाँधे जाते हैं... जैसे नज़रे-बद्दूर खुदा ने तुम्हें खूबसूरती के जादू से सँवारा।'' महबूबा की आँखों में प्यार वैसे ही चमक रहा था। जैसे गहरे कुएँ में चमकता है।

लवसूल को वे आँखें सुहाईं, उनमें कोई बुराई नहीं झलक रही थी, फिर भी अपने नाम का बार-बार बिगाड़ा जाना उसे कतई पसन्द नहीं आ रहा था, शरबत का गिलास खाली करके उसे तश्तरी में रखते हुए कहा, ''इस नसीहत के लिए आपका एहसानमन्द रहूँगा। लाइए, अब रुपये दे दीजिए।''

''इन रुपयों की एवज़ में मैं तुमसे अगर कुछ चाहूँ तो?''

''क्या चाहती हैं?''

''अरे और क्या चाहूँगी, हाथी-घोड़े-जागीर तो दे नहीं सकते तुम, बस मुझे मियाँ लब-वसूल कह लेने दिया करो!''

कहने की अदा पर लवसूल को हँसी आ गई। बोला, ''हम फ्रांसीसी लोग किसी नायाब हसीना के शैम्पेन से गीले होठों को ही लवसूल कहते हैं।''

''और हम हिन्दुस्तानी औरतें सिर्फ नन्हे-मुन्नों के लबों को ही ऐसा कहती हैं। मर्द के होठों को चूमकर औरत बदनाम हो सकती है, लेकिन खूबसूरत बच्चे को वह जहाँ जी चाहे चूम ले।''

सुनकर लवसूल बुरी तरह से झेंप गया। उसकी यह झेंप देखकर महबूबा खिलखिलाकर हँस पड़ी, कहा, ''ऐ मैं बलैयां लूँ तुम्हारी, वाकई नन्हे-मुन्ने हो तुम!''

''मुझे आपके रुपयों की अब ज़रूरत नहीं, कहीं और से इन्तज़ाम कर लूँगा।'' कहकर लवसूल जाने लगा। महबूबा ने बाँह पकड़कर उसे रोक लिया, पूछा, ''किससे लोगे रुपये?''

''किसी से भी। टॉमस साहब अब शायद फुरसत पा चुके होंगे, उन्हीं से लूँगा। मैंने गलती की जो आपके पास माँगने आया। उस्ताद ने आपके लिए कहा था कि अच्छी औरत हैं...''

''तुम तो बच्चों की तरह रूठते हो मियाँ। तुमने अपने उस्ताद को तो प्यार में अपना नाम बिगाड़ लेने दिया, और मुझसे बिगड़ते हो। यह भला कहाँ का इन्साफ है तुम्हारा?''

''वो मेरे उस्ताद हैं, उन्हें हक है।''

''तो मुझे भी वही हक हासिल है।''

''किस तरह?''

''यहाँ आने से पहले मैं तुम्हारे उस्ताद की चहेती थी, समझे मेरे नन्हे-मुन्ने!''

लवसूल चिढ़ा, मगर अपने-आपको संयत करते हुए बोला, ''देखिए, आपने जो कुछ अभी-अभी कहा है उसी की वजह से मैं आपकी इज़्ज़त करने को मजबूर हूँ। इसलिए साफ-साफ बतला दूँ कि मुझे इस लफ्ज से चिढ़ है। आगरे में आप तीसरी औरत हैं जिसने मुझे बच्चा कहा है। मेरे अन्दर वाला मर्द भड़ककर इन्तकाम लेने के लिए मुझे बेहोश बनाने लगता है। मैं यह नहीं चाहता। एक साल के वास्ते मैंने औरत और शराब से परहेज रखने की कसम खाई।''

''बहुत अच्छी बात है। बच्चों को इन चीज़ों से परहेज़ रखना ही चाहिए।''

''बड़ी हठीली हैं आप। उस्ताद जैसे शेर तबीयत के आदमी से खुदा जाने कैसे निभी होगी आपकी? आपके बारे में उनकी राय इतनी अच्छी...''

''बात यह है लव-वसूल कि मैं हर शेरदिल के भीतर रहनेवाले प्यारे और हसीन खरगोश को चुरा लेने में माहिर हूँ, समझे। इसीलिए अब मैं तुम्हारी मुकद्दस कसम की मियाद पूरी होने तक नन्हा-मुन्ना ज़रूर कहूँगी। वह मर्द ही क्या जो तेहे के मारे अपने-आप पर काबू न रख सके। गुस्सा कमज़ोरी की निशानी है।''

''बस, अब कुछ न कहूँगा...''

''ठीक है, मेरे पास आकर तुम बस सुना ही करो। सुनने से दिमाग भरता है, कहने से खाली होता है। लो अपनी अशर्फियाँ।''

''इन अशर्फियों और नसीहतों का शुक्रिया। आज से आप भी मेरी उस्ताद हुईं।''

महबूबा हँस पड़ी, लवसूल की दोनों बाँहें पकड़कर, उसने करीब-करीब सटकर, रसीली चितवन से देखकर, कहा, ''लिपट जाऊँ तुमसे बावले! बोसे लूँ तुम्हारे!''

''इम्तहान लेंगी? हाजिर हूँ।''

''शाबाश! मैं तुम्हारी इस कसम की बात बेगम साहबा से ज़रूर कहूँगी। मुमकिन है कि वे तुम्हारा इम्तहान लें।''

''मरयम-उल-अस्मत मेरा इम्तहान लेंगी। ज़हेकिस्मत, वह मौका तो आए कि मैं सुर्खरू हो सकूँ। उस्ताद से उनकी तारीफें सुनता था, मगर यकीन नहीं होता था। आज देखा तो मेरी हस्ती बदल गई। अपने बचपन में, अपने वतन फ्रांस के किसी 'कान्वेंट' में, किसी 'नन' के चेहरे पर मैंने ऐसा मुकद्दस नूर नहीं देखा। हिन्दोस्तान में भी कहीं नहीं देखा। जिनके हुजूर में सिर्फ चन्द लम्हें हाज़िरी बजा लेने-भर से ही मेरे खयालात इतनी बुलन्दी पर पहुँच गए, उनके इम्तहान लेने के ख्याल से तो मैं यकीनन इस काबिल बन जाऊँगा कि जन्नत के दरवाज़े मेरे वास्ते आप-ही-आप खुल जाएँ।''

भोले युवक के इस महाभाव को देखकर महबूबा का मन निर्मल प्रेम से नहा-नहा उठा। नूरजहाँ और मुमताजमहल के समान सुन्दरी अपनी सहेली मालकिन लवसूल के

तन-मन की सुन्दरता के आगे आज पहली बार बड़ी फीकी लगीं। सोचने लगी कि यदि इसे अचानक मुन्नी उर्फ दिलाराम उर्फ बेगम जुआना समरू के असली चरित्र का पता लग जाए तो अनास्था का आघात खाकर इस बेचारे भोले-भाले इन्सान का क्या हाल होगा! बशीर मियाँ ने सच ही कहा, ऐसे लोग तो उम्र-भर बच्चे ही बने रहते हैं। औरत का दिल तो ज़माने की मार खाकर बदल जाता है, पर बच्चा भला बदलना क्या जाने। बड़े लाड़ से आगे बढ़कर, हथेलियाँ मोड़कर, अदा से उसकी आँखों की बलैया लेके हाथों को अपने कानों से लगाती हुई, फिर दीदे मटकाकर, नाक सिकोड़कर चिढ़ाती हुई बोली, "ऐ वा रे मेरे नन्हे-मुन्ने, मैं सदके तुम पर, सौ जान से, हज़ार जान से! तुम्हारा जवाब नहीं है। लो अब सिधारो जहाँ जानेवाले थे वहाँ के लिए। और देखो, जल्दी का काम शैतान का होता है। मर्द हर कदम तौलकर रखा करते हैं।"

बात सुनकर लवसूल भावाबद्ध हो गया, उसने महबूबा की दोनों हथेलियाँ अपनी दोनों मुट्ठियों में कस लीं; कहने लगा, "जिस दिन से पटना में मेरा और उस्ताद का साथ हुआ उसी दिन से तकदीर हाथ पकड़कर बढ़ती चली जा रही है। यहाँ मरयम-उल्-अस्मत का दरबार मिला, तुम मिल गईं। समझ में नहीं आता, किसका शुक्रिया अदा करूँ, तुम्हारा या नसीब का!"

"नसीब का करो दोस्त! वही सबको तारता और मारता है। दोनों ही सूरतों में उसी का शुक्र है।"

लवसूल महबूबा को 'आप' से 'तुम' बनाकर एक नये विश्वास, नये जोश के साथ विदा हुआ। नई जगह और पहरों की भूलभूलैया से बचने के लिए महबूबा उसे फाटक तक छोड़ आई।

दस

फुलहट्टी में तोताराम माली की दुकान इतनी बड़ी है कि देखने में छोटी-मोटी बगिया-सी लगती है। फूल बेचने के लिए सोलह नौकर काम करते हैं। पूजा के फूल अलग, सुहागिनों के अलग और शौकीनों, सदासुहागिनों के लिए अलग। फूल एक ही किस्म के थे पर अपनी पाँतों में वह एक-दूसरे से ऊँचे-नीचे, अलग-अलग थे। तोताराम की दुकान पर मेला लगा रहता था। उसका बड़ा इकबाल था। हाकिम-हुक्काम, अमीर उमरा, सेठ-महाजन, सभी रियासती कमज़ोरियों के शिकार उसकी आवभगत करते थे, मगर मालियों की बिरादरी ने उसको बड़प्पन देने से इन्कार कर दिया था। बड़े भाई के हत्यारे को बड़े भाई की गद्दी न दी। तोताराम सिर पटककर रह गया, पर चौधरी का पद न पा सका। इसीलिए अपने नौकरों-चाकरों और खुशामदी मुसाहबों से वह अपने-आपको 'चौधरी साहब' कहलवाता है।

खलीफा काले खाँ के अखाड़े की तरफ साधारण हिन्दुस्तानी लिबास में जाते हुए लवसूल चौधरी तोताराम की दुकान के सामने से गुजरा। लवसूल के दिल में चुलबुली हुई कि जिस शैतान को अभी मिट्टी में मिलाना है उसकी सूरत क्यों न एक झलक देख ली जाए। गजरे लेने के बहाने चला गया।

चौधरी तोता गद्दी पर गावतकिये का सहारा लिये हुए बैठा हुक्का गुड़गुड़ा रहा था, दो नौकरानियाँ पंखा झल रही थीं, दो-एक मुसाहब बैठे थे। लवसूल कन्धे पर बन्दूक डाले कमर में दो-दो कटारें खोंसे मस्त झूमता हुआ उसके सामने पहुँचा। चौधरी ज़रा चेतकर बैठ गया, मुस्कराकर कहा, ''आओजी लब्बू खाँ, बसीर भाई किधर रह गए आज?''

''उस्ताद दिल्ली गए हैं, एक बड़ा सौदा हो रहा है वहाँ। एक पखवारे में आ जाएँगे।''

''तुम यहीं पर रह गए! कोई काम होगा खास।''

''हाँ चौधरी, फौज में भर्ती होना चाहता हूँ।''

''तो दिल्ली इसके लिए अच्छी जगै थी।''

''चौधरी, मेरा इरादा समरू साहब की फौज में जाने का है। आमदनी सुना है इनके यहाँ अच्छी हो जाती है।'' चौधरी सुनकर चुप रहा; लवसूल उर्फ लब्बू खाँ ने फिर कहा, ''किसी से बेगम साहिबा तक हमारी सिफारिश पहुँचा दें तो ताउम्र एहसान मानूँगा।''

''बशीर भाई ने क्यों नहीं कोशिश की तुम्हारे लिए? उसके समरू साहेब तक से पुराने मरासिम हैं।''

''उस्ताद नहीं चाहते कि मैं उनका साथ छोड़ूँ। मैं अब ज्यादा आमदनी का काम चाहता हूँ, शादी करना चाहता हूँ।...कोतवाल साहब से सिफारिश कर दोगे मेरी? ज्यादा देने की मेरी हैसियत है नहीं, हाँ अशर्फी, दो अशर्फी खिलाने-पिलाने में खर्च कर दूँगा। एहसान तुम्हारा उम्रभर मानूँगा।''

तोताराम बोले, ''ये नई सरकार, अपने बस में नहीं आई भइया। वहाँ तो फिरंगी राज हैगा, अभी कुतवाल साहेब तक नहीं फरमा सकते हैं कि ऊँट किस करवट पे कल को बैठेगा। बसीर भाई से कोई लड़ाई तो नहीं हो गई तुम्हारी?''

लवसूल उर्फ लब्बू खाँ घमंड से अपनी छाती ठोंककर बोला, ''चौधरी, ईरानी बच्चा अपने बाप और बात का सच्चा होता है। उस्ताद मेरे उस्ताद हैं। खाली अपना तजुरबा बढ़ाने के लिए उनसे इजाज़त लेकर ऐसा करने की सोच रहा हूँ। मतलब यह है कि नई सरकार में एक प्यादा तुम्हारा भी पहुँच जाएगा। मेरे उस्ताद तुमको इतना मानते हैं, तुम्हारा-उनका धन्धे का ब्यौहार है, जैसे उस्ताद का, वैसे तुम्हारा भी बना रहूँगा। अरे पन्द्रह दिन में उस्ताद आ जाएँगे, वो खुद ही तुमसे मेरी सिफारिश कर देंगे।''

टाँग-पर-टाँग चढ़ाकर हथेली से अपना तलवा मलते हुए तोताराम ने सहानुभूतिपूर्वक कहा, ''बसीर भाई के साथ तुम मेरी दुकान पे दो-तीन बेर आ चुके हौगे, मेरे घर पे भी आए हौगे। तुम्हारा और बसीर भाई का रिश्ता मेरी नजरों से कुछ छिपा-ढका नहीं रिया हैगा, भइया लब्बू खाँ। पर कुतवाल साहेब ने अभी बेगम से अपनी गोटी भली-भली बैठाई नईं हैंगी। वैसे, समरू की फौज में तेरा भरती होने का ख्याल, कुछ बेजा नईं हैगा। तू ठीक ही कहबे है, कल को तेरा वाँपे होना हमारे लिए अच्छा भी हो सके है।''

चौधरी के पास खिसककर धीरे-से लवसूल ने कहा,''उस हरामज़ादे चिमणाजी के रहते कोतवाल साहेब के सूबेदार हो जाने पर भी तुम्हें क्या मेलेगा चौधरी? माफ करना, छोटा बनकर अदब से कह रहा हूँ, मगर खरी बात मुँह पर कह रहा हूँ।''

तोताराम की आँखों में कटाव आया, तलवे की मालिश में हथेली ने ज़ोर दिखलाया, हुक्के की गुड़गुड़ाहट थम गई। चौधरी का यह रुख देख, लवसूल उत्साहित होकर और उसके पास आकर कान में फुसफुसाहट घोलने लगा, ''बच्चा समझ के मेरी नादानी को माफ कर देना चौधरी, मगर टिक्कू के अखाड़े से अभी सुनके आ रहा हूँ कि तुम्हारी बतासो को कोतवाली की खिलअत का शुकराना बनाया जाने वाला है।''

चौधरी की आँखों में घृणा की बिजलियाँ कौंध उठीं। सीधा होकर बैठ गया। दाहिना हाथ भुजंग काले रोबीले चेहरे की रौनकदार मूँछ पर, और बायाँ हाथ उसकी जाँघ पर थाप देने लगा; बहुत दबाते हुए भी आवाज़ में दहाड़ने का ढंग बराबर बना रहा। चौधरी ने कहा, ''किस साले बम्हन के ने अपनी मैयो का दूध पिया हैगा कि मेरे कारखाने में अपना दखल जमावे। उस साले कढ़ी चट्टे को धूल की कढ़ी और लातों के भात का बरमभोज दे दूँगा। मेरे कान में कुछ ऐसी भनक दो-चार दिन पहले भी पड़ चुकी है लब्बू खाँ। तुमने मेरे साथ ये अपनपौ दिखला के मेरा दिल ले लिया। कभी मौके पे चौधरी तोताराम भी तुम्हारे एहसान का बदला ज़रूर चुका देवेगा।'' लवसूल ने प्यार से उसकी बाँह दबाकर कहा, ''जब तक इस शहर में हूँ चौधरी, तब तक तुम्हारा ही रहूँगा। जब चाहना खलीफा काले खाँ के यहाँ खबर भिजवा देना। मैं मिल जाऊँगा।''

''खलीफा भी तो उस कढ़ी चट्टे के ही साथ हैंगे।''

''चौधरी साहब, दिलों का हाल तो खुदा ही जानता है, बाको कल शाम ही को खलीफा अपने चेले-चाँटों के भरे दरबार में कह रहे थे कि जो अपने शहरवालों का साथ छोड़ के बाहरवालों का साथ देता है वह शख्स अपने हाथों अपने पैरों कुल्हाड़ी मारता है।''

''हूँ।'' चौधरी की गम्भीर हुँकारी पर लवसूल अपना काम समाप्त हुआ समझकर चौधरी से विदा लेते हुए दो गजरों की फरमाइश भोले ढंग से कर बैठा। एक को

दोने में बँधवाया, दूसरा गले में डाला और मगन मन झूमता हुआ चल पड़ा। ऐसी नायाब जवानी का नूर बाज़ार में जिधर से गुज़रता था उधर ही 'हटो, बचो' होने लगती थी। छिदम्मी हलवाई की प्रसिद्ध दुकान से ढाई-ढाई सेर बालूशाहियों की दो चँगेर बँधवाई। एक मज़दूर के हाथों में बोझ दिया और आगे बढ़े। चिम्मो भाँगवाली के यहाँ से भाँग, अफीम और मोती वगैरह मौसमी मुकव्वियात पड़ी हुई उत्तम विधि से बनाई गई माजूम खरीदी और मुहल्ला छिली ईंट की घटिया में खलीफा काले खाँ के अखाड़े की तरफ तेज़ कदम चल पड़े।

दिन ढले का समय था, खलीफा जाग तो चुके थे, पर अभी तख्त पर करवटें ही बदल रहे थे। मुक्कियाँ लगानेवाले शागिर्द छुट्टी पर जा चुके थे लेकिन पंखा झलनेवाले अभी अपनी ड्यूटी पर तैनात थे। बाहर चबूतरे पर दो नौकर सिलों पर बादाम घोंट रहे थे। उन्होंने लवसूल से कह दिया कि खलीफा अभी आराम में हैं।

लवसूल बोला, ''मैं किले से आ रहा हूँ। यह शाही पंजा देखो। नये सूबेदार जनरल समरू साहब की बेगम साहबा ने मुझे भेजा है।''

फौरन अन्दर खबर पहुँचाई गई। खलीफा थोड़ी ही देर में झूमते हुए बाहर आए। लवसूल को देखकर कहा, ''ओह! तुम हो। तुम तो बशीर खाँ के साथ आए थे?'' खलीफा की आँखों में शंका भर गई। अदब से लवसूल ने उत्तर दिया, ''जी हाँ, उन्होंने ही मुझे किले में नौकरी दिलवा दी है। ज़रूरी काम से मुलाकात के लिए हाज़िर हुआ हूँ।''

बूढ़े उस्ताद की आँखों में समझ की चमक आई। लवसूल का हाथ पकड़कर कोठरी की ओर बढ़ते हुए कहा, ''आओ, आओ। इस चँगेर में क्या है?''

''छिदम्मी के यहाँ की बालूशाहियाँ हैं उस्ताद, और ये चिम्मो के यहाँ की 'दो आलमी अव्वल' की प्याली है उस्ताद!''

'दो आलमी अव्वल' की चमक बालूशाहियों के साथ तीन आलमों की मस्ती बनकर बूढ़े खलीफा की नज़रों में लहराई। लवसूल की बाँह को दुबारा मुलायमियत से दबाकर फिर कहा, ''आओ, आओ।''

प्याली शाम होने के इन्तज़ार में सँभालकर रख दी गई। एक चँगेर भी अमल के वक्त को मीठा बनाने के लिए रखवा दी गई। दूसरी चँगेर अपने पास रखकर उस्ताद बैठ गए। एक-एक बालूशाही खिंचे हाथों लवसूल और अपने शार्गिदों को देकर खलीफा खुद ही भोग लगाने लगे। लवसूल बोला, ''उस्ताद, बात खासगी है, आधी-पौन घड़ी के लिए तनहाई का हुक्म होना चाहिए।''

''हाँ-हाँ, चौं नईं, चौं नईं, लौंडो बे, सुन लिया ना? अबे डल्ला, तू चबूतरे पेई बैठा रइयो भला। ले एक बालूशाही और ले जा।''

एकान्त होने पर लवसूल ने कहा, ''मेरे उस्ताद बशीर खाँ साहब आज सुबह ही दिल्ली गए हैं। एक पखवारे में आ जाएँगे। कल शाम एक बात ऐसी हुई कि

मेरे उस्ताद ने मुझे आपसे मिलने का हुक्म दिया। बात यह है कि कल समरू साहब की बेगम ने उस्ताद को किले में बुलवाया था। समरू साहब और उनके सिपहसालार टॉमस साहब से मेरे उस्ताद की पुरानी जान-पहचान...।''

दो बालूशाहियों से भरे हुए मुख से भारी स्वर में खलीफ़ा बोले, ''हाँ-हाँ, वो सब तो मैं जानू हूँ। तू मतलब की बात कह डाल झट्टसानो।''

''बेगम साहबा चाहती हैं कि शहर से मराठों का असर ख़त्म कर दिया जाए। और तोते के पर भी काट दिए जाएँ। शहर के पुराने और शरीफ बाशिन्दों को ही हुकूमत से फायदा मिलना चाहिए।''

''बिल्कुल सही बात हैगी। वाव्वा, होशियार औरत हैगी। अरे वई तो है ये जिसे बशीर खाँ ने समरू के हाथ बेचा था।''

''जी हाँ खलीफा, इसीलिए उस्ताद बुलाए गए थे। बेगम साहबा ने कहा कि पाँच सौ अशर्फियाँ उसे बतौर इनाम दी जाएँगी जो लाठी बग़ैर तोड़े ही शहर के साँपों का फन कुचल डाले। उस्ताद ने चलते-चलते मुझसे कहा था, पहले खलीफा से बात करना। मैं उन्हें अपने बाप की तरह मानता हूँ। और अगर वे न मानें तो फिर टिक्कू गुरु...।''

''आरेऽ, टिक्कू-फिक्कू साले काफर के बच्चे—इन सालों को मुँह लगाना कहीं भले आदमियों का काम हैगा! अखाड़ा तो मेराई पुराने बख़्तों से सरनाम हैगा। बाँके खलीफा जाँगीर बाश्शा के ज़माने में थे।''

''मेरे उस्ताद भी यही कहते थे ख़लीफा।''

''ठीक है, आगे का नक्शा बतलाओ।'' गपागप दो बालूशाहियाँ मुँह में एक के बाद एक डालकर खलीफा ने बात आगे बढ़ाने का इशारा किया।

''तोते की बतासो नाउन आज शाम तक उड़वा दो खलीफा। चौधरी तब तक दुकान न छोड़ने पाए और न ही उसे यह शुबहा होने पाए कि काम तुम्हारे आदमियों का था। बस इतना ही चाहता हूँ। आपकी इतनी मेहरबानी हो जाएगी तो शायद मेरे उस्ताद शहर कोतवाल बना दिए जाएँगे।''

''ठीक है, ठीक है यह खबर मेरे कने अशर्फियों से भी ज्यादे अजीज होके आई हैगी। तू बस काम हुआ ही समझ लब्बू बेटा। सिकन्दरे के कंजरों का गिरोह बुलाऊँ हूँ अब हाल। दस अशर्फियां तेरे पास हों तो दे दे, बाकी हिसाब-किताब काम होने पर होता रैवेगा।''

''दस नहीं, पन्द्रह लो चचा। यह लो। तो अब मैं चलता हूँ। चिराग जले का वक्त साधकर अगर ये काम करवा दोगे तो हमें अपनी सरकारी कार्रवाई करने में सहूलियत हो जाएगी।''

''अरे तू बेफिकर हो जा। अभी घुड़सवार दौड़ाऊँ हूँ। मैं भी एक सहारे की तलाश में था। इत्ते बरसों से। आज दुश्मनों सालों की कजा का दिन आया है खुदा-खुदा करके।''

"लेकिन चचा, देखिएगा, आपके आदमी मेरी गिरफ्त में न आने पाएँ। उस वक्त मैं फौजी वर्दी में रहूँगा, किसी की मुरव्वत न कर पाऊँगा।"

"बेफिकर रह। काम सफाई से होवेगा। तोते की आशना फिर कहाँ पौंचाई जावेगी?"

"उसे बेहोश करके ऐसी जगह छिपाना जहाँ तुम्हारे इशारे पर मैं उसे बरामद कर सकूँ। बरामद करवाने वाले को इनाम दिलवा दूँगा।"

"बस-बस, समझ गया। अब देखियो, तेरे और अपने नक्शे ऐसे मिलाऊँगा जैसे दो हाथों से ताली बजे हैगी।"

सूरज ढलने के थोड़ी ही देर बाद छिली ईंट की ढाल से लेकर चिड़ीमार टोले तक मुँड़ासों से लिपटे मुँहों की आँखें चमकाते हुए बल्लम-धनुर्धारी लोग जगह-जगह फोड़ों-से अचानक फूट पड़े। लोग उन्हें भीड़ बनकर फुलहट्टी के पीछे वाली किसी गली में अचानक जाते हुए कौतूहल और आतंकभरी दृष्टि से देखने लगे; और देखते-ही-देखते अचानक तोताराम के घर पर धावा हुआ। हाय-तौबा, चीख-पुकार, भगदड़! पूरी प्रलय-सी आई, और जैसी अचानक आई थी वैसी ही छू मंतर-सी लोप भी हो गई। जब तक चौधरी तोताराम को खबर पहुँचे और वो आएँ-आएँ, तब तक मैदान साफ हो चुका था। बतासो ही नहीं, उस घर की चार-पाँच बूढ़ियों को छोड़कर बाकी सब औरतें उड़ाई जा चुकी थीं। तोताराम बदले की आग से बावला हो उठा था। विपत्ति में खलीफा की याद आई। कोतवाल का सहारा मन से भंग हो चुका था। वे खलीफा के यहाँ पहुँचे।

खलीफा उस समय 'दो आलमी अव्वल' के नशे में झूम रहे थे; बालूशाहियों की दूसरी चँगेर सामने रखी थी, खाते हुए बोले, "चौधरी, मैं उस चिमने से खुली दूश्मनायगी तो मोल लूँगा नहीं, तुमसे सफा-सफा कहूँ हूँ। हाँ, कंजरों की दो टोलियाँ, शहर में मौजूद हैंगी। दिन में चौधरी आया था विह्नों का। सौ-पचास की रकम ढीली करो तो अब हाल बुला दूँ।"

"वो कढ़ीचट्टा साला अगर आज उनके हाथों दोज़ख में पौंचा दिया जावे तो पान्सों रुपै दूँगा।"

"बस तो फिर घण्टे-आध घण्टे में तेरे पास भेजू हूँ उन्हें।"

—और—थोड़ी देर में वे लोग, जो थोड़ी देर पहले तोताराम के हाथों के तोते उड़ा ले गए थे, अब तोताराम के पक्षधर होकर चिमणाजी जमादार की बगीची घेरे खड़े थे।

दोपहर से रात आठ बजे तक का समय चिमणाजी अपनी बगीची में ही बिताता था। भरी लू में खस के पर्दों पड़ी उसकी पालकी गली सड़क-बाजारों को पार करती हुई गुज़रती थी। दो भिश्ती खस पर छिड़काव करते दौड़ते थे। चार लठैत, चार बन्दूकधारी आगे-पीछे साथ चलते थे। बड़े-बड़े धन्ना सेठों पर चिमणाजी का रुआब पड़ता था। बस यही अठारह-बीस आदमी बगीची में उसके साथ रहते थे। वहाँ के

दो-चार माली-नौकर, और आठ-दस मुसाहब किस्म के आदमियों की भीड़ भी रहती थी। इनके अलावा कभी-कभी एकाध लौंडी तवायफ, बस। भाँग-बूटी छनन्त-निपटन्त, कसरत-कुश्ती, हँसी-कहकहे, कुछ मतलब की बातें—बस यही सब बेफिक्री की मौज-बहार हर रोज़ रहती थी। आज उन पर सौ-सवा सौ कंजरों की भीड़ अचानक चढ़ दौड़ी थी। चिमणाजी क्रोध से पागल और भय से धक् रह गया था। शहर के शोहदों का शाहे-बेताज इधर कई वर्षों से अपनी कल्पना के किसी भी परदे में इन लोगों की ओर से आशंकित होना ही भूल चुका था। चौधरी तोताराम की ओर से आक्रमण होगा, इसका उसे कभी भय ही नहीं हुआ था। यह अवश्य था कि तोता के बड़े भाई की भूतपूर्व रखैल बतासो के चर्चे बहुत थे और चिमणाजी का रस उन चर्चाओं में कुछ अधिक हो चला था, पर अभी चिमणाजी के मन में वह स्थिति नहीं आई थी कि तोताराम से किसी प्रकार का झगड़ा मोल लेने की इच्छा करे। कहते हैं कि तन का किया हुआ पाप ही फलता है, मन का निष्क्रिय पाप नहीं, परन्तु चिमणाजी अपने पापों का फल एक बड़े ही निष्क्रिय पाप के बहाने से भोग रहा था। उसकी इनी-गिनी बन्दूकें धनुर्धारियों की भीड़ को रोक न पाईं। कंजरों के तीर तेज़ चले। बगिया के फाटक टूटे। चिमणाजी मारा गया।

किले की पचास गोरे सिपाहियों की टुकड़ी लेकर फिरंगी लिबास में घोड़े पर सवार लवसूल पहुँच गया। हवाई बन्दूकें दागीं। कंजरों की भीड़ अपने मुखिया के संकेत पर पटापट पिछवाड़े के द्वार से भागने लगी। फिरंगी सिपाहियों के भीतर घुसने पर दस-पाँच भागते हुए कंजर ही पकड़े जा सके। हाँ, उनके निर्देशन के लिए आए हुए चौधरी तोताराम के चारों-पाँचों मुड्ढ सरगना पकड़ लिये गए। बगीची में पड़ी लाशों को कोतवाली भेजने के लिए एक सिपाही को बस्ती से ठेले वगैरह लाने के वास्ते भेजा गया। बीस आदमी कैदियों को लेकर किले की तरफ चले। चार मौके पर पहरा देने के लिए छोड़े गए, बाकी पच्चीस की टोली लेकर लवसूल आगे बढ़ा। चौधरी तोताराम गिरफ्तार हुआ। बतासो आदि औरतें बरामद हुईं, किले में पहुँचाई गईं। खलीफा काले खाँ को टॉमस साहब से मिलवाया गया। उन्हें इनाम-इकराम मिला। कंजरों के चौधरी को देने के लिए भी एक धनराशि मिली। काले खाँ से यह भी कह दिया गया कि जो कंजर गिरफ्तार हुए हैं वे एक बार बेगम साहिबा के सामने पेश किए जाने के बाद छोड़ दिए जाएँगे। खलीफा को साथ लेकर टॉमस और लवसूल खुद आधी रात तक बड़े-बड़े अखाड़ों में घूमे। उसी समय शहर में बेगम की फौज भी जगह-जगह गश्त लगाती हुई रात के सन्नाटे में अपना दबदबा फैलाती रही। शहर के भलेमानसों में रातोंरात बेगम समरू के इन्तजाम की शोहरत फैल गई। तोता और चिमणा के अन्त से जनसाधारण प्रसन्न हुआ।

दूसरे दिन सुबह जब बेगम जुआना समरू की आँखें खुलीं तब आगरे का किला ही नहीं, बल्कि नगर का जन-जन उनका हो चुका था। खुश-खबरी सुनते ही जुआना

के मन में लवसूल का जादुई आँखोंवाला तेजवान स्वरूप आ गया। सचमुच ही जादू कर डाला लवसूल ने।

दरबार के समय तोताराम के जाल में फँसी हुई, और अब शाही बन्दिनी मछलियाँ पेश की गईं। उन्हें देखकर जुआना को अपना जाल की मछली बनना याद आ गया। उसे लगा कि जैसे वह भी इन्हीं में गिरफ्तार होकर आई है और अब इन्साफ के हक से शोभित हो रही है। तोताराम चौधरी को फुलछट्टी के चौराहे पर उसी की दुकान के चबूतरे पर, गड्ढे में आधा गड़वाकर शिकारी कुत्तों से नोचे जाने का हुक्म दिया। बन्दियों ने बेगम का रुख देखकर अपनी भावी सुरक्षा के लिहाज से भी ईसाई होना स्वीकार किया। बतासो सबसे पहले राज़ी हुई।

सारा दिन लवसूल इस प्रतीक्षा में बेकल रहा कि बेगम साहिबा के हुज़ूर में शाबाशी पाने के लिए वह अब बुलाया जाएगा।

अगले दिन इतवार था। जुआना टॉमस और तमाम यूरोपियन अफसरों के साथ प्रभु ईसा के झुंड में शामिल होनेवाली नई भेड़ों का काफिला लेकर पूरे शाही ठाठ से अकबरी काल के बने उत्तर भारत के सबसे पुराने गिरजाघर में प्रार्थना के लिए चली। उस गिरजाघर में जुआना पहले भी कई बार जा चुकी है। यहीं उसने बपतिस्मा लिया था, दिलाराम से जुआना बनी थी और अब अपनी ही जैसी आठ-दस लड़कियों को बपतिस्मा दिलाने के वास्ते लिये जा रही है।

सड़कों पर जय-जयकार हो रहा है। हाथी के हौदे पर बेगम साहबा के पीछे बैठी हुई महबूबा इधर-उधर भीड़ में रुपये-पैसे फेंक रही है। जो एक झलक बेगम को देखता है वही कहता है कि ऐसी सुन्दरी नहीं देखी; स्वर्ग की देवी लगती है।

और 'स्वर्ग की देवी' का मन उस समय नये-नये कुलाबे भिड़ा रहा था। वह सोच रही थी कि बतासो को ईसाई बनाकर उसे समरू की सेवा में नियुक्त करना ठीक होगा। मुश्तरी अब जरूरत से ज्यादा समरू से बँध गई है। टॉमस सुबह बतलाता था कि यह औरत बड़ी कोक-कला निपुण है। टॉमस की दासी मेरी को बहुत दिनों से वह अपनी सेवा में लेना चाहती है। जुआना अपने मन में टॉमस के लिए नई बाँदी का चेहरा मन-ही-मन खोजती चली आ रही है। मेरी शादी-शुदा है और अपने पति को बहुत चाहती भी है। टॉमस भी सिद्धान्तवाला आदमी है। वह दूसरे की पत्नी को कभी अपनी भोग्या न बनाएगा, केवल समरू की एक पत्नी को छोड़कर। वह 'एक' अपने-आपको 'सिर्फ एक' बनाए रखने के लिए व्यवस्था करना चाहती है। सुख के लिए टॉमस केवल जुआना के शरीर पर ही केन्द्रीभूत न रहेगा, वरना टॉमस का आग्रह कहीं-न-कहीं पर जुआना को क्रमशः विवश करता जाएगा। नहीं, जुआना ऐसा हरगिज़ नहीं होने देगी। वह एक नहीं, दो-दो खिलौने टॉमस को उपहार में देगी।...और लवसूल? 'नहीं, अभी कुछ दिनों तक उसे अपने सामने न बुलाऊँगी। उसे देखकर लगता है कि बशीर खाँ यहाँ भी मेरे पीछे-पीछे चला आया है। मुझ पर

एक नया एहसान लादकर मुझसे मेरा अपनापन माँग रहा है। मैं नहीं दूँगी यह अपनापन किसी को।...लवसूल को नायब कोतवाली दे दूँगी।'

और लवसूल गिरजाघर में भी यही एकान्त प्रार्थना करता रह गया कि "हे प्रभु, एक बार मरयम-उल्-अस्मत की नज़रे-इनायत मुझ पर भी पड़ जाय," पर प्रभु ने उस दिन भी उसकी प्रार्थना नहीं सुनी, महज टॉमस से यह समाचार अवश्य पाया कि वह आगरे का नायब कोतवाल मुकर्रर किया गया है।

ग्यारह

अकेलापन! आगे-पीछे की ज़िन्दगी एक निकम्मे सफर के सिवाय और कुछ नहीं रही, उसके साथ कोई भाव नहीं जुड़ता, न सुख न दुख। नवाब जन्रल वाल्टर रेनहार्ड अपनी अट्ठावनवीं वर्षगाँठ के दिन सवेरे से ही एकदम सूने थे। मुश्तरी ने सुबह उठते ही उन्हें देवी मरयम का चित्र, आईना और दही-मछली दिखाकर दैनिक शकुन किए, फिर जन्मदिन की मुबारकबाद दी। अपनी सालगिरह की सूचना पाते ही नवाब साहब गंभीर हो गए। थोड़ी देर चुप रहने के बाद उन्होंने कहा, "आज हम किसी से भी मिलना पसन्द नहीं करेंगे।"

"हुजूर छोटी बेगम..."

"कोई नहीं। सालगिरह मनाने के लिए तनहाई से ज्यादा हसीन और पुरसुकून शै कोई नहीं।" कहने के साथ ही नवाब साहब के कलेजे से एक आह निकली। सुनकर मुश्तरी की आँखें भर आईं।

नवाब साहब की सालगिरह का दिन त्योहार की तरह मनाया जाता था। गरीबों को खैरात बाँटी जाती, फौज परेड करती, नवाब साहब सलामी लेते। दिन-भर चहल-पहल रहती, रात को जश्न मनाया जाता, नवाब साहब जुआना बेगम के साथ गिरजाघर में प्रार्थना करने जाते,...मगर आज नवाब साहब ने हर चलन पर अपने नादिरी हुक्म के कुफ्ल डाल दिए थे।

मुगलिया-हिन्दुस्तानी रिवाजों को अपना लेने के कारण समरू नवाब के जन्मदिन पर धन-धान्य से तुलादान बड़े उत्साह से किया करते थे। सूबेदार की हैसियत से यहाँ आने पर पिछले वर्ष उनकी वर्षगाँठ विशेष धूमधाम से मनी थी। जुआना बेगम ने दिल्ली के कई सरदारों और वृन्दावन के महन्त को भी आमन्त्रित किया था। इस बार भी अपने पति के जन्मदिन को, बेगम ने कुछ महत्त्वपूर्ण राजपुरुषों को बुलाकर, विशेष महत्त्व देने की व्यवस्था पहले ही से कर रखी है। लेकिन नवाब साहब आज यह हठ साध करके ही उठे हैं कि कोई रस्म-रिवाज न होगा, किसी से मुलाकात नहीं होगी। किले में यह खबर फैलते देर न लगी। टॉमस ने सुना; बेगम साहबा

के कानों में भी भनक पड़ी। दोनों अलग-अलग चिन्ताओं में पड़े। कुछ महीनों से समरू साहब टॉमस से सीधे मुँह बात नहीं करते, दो-एक बार मातहतों के सामने तक टॉमस को झिड़क दिया था। तब से टॉमस ने उनके सामने जाना हीं छोड़ दिया है। आगरे के किले में सूबेदार समरू के पदार्पण के दिन से बेगम दिन में दो बार नियमपूर्वक अपने पति की सेवा में जाती है—दिन-भर राजकाज देखने के बाद एक बार इसका ब्यौरा देने के लिए और दूसरी बार रात के नौ बजे पति के साथ प्रार्थना करने के लिए। बेगम कई महीनों से यह जानती है कि पति को उसके और टॉमस के सम्बन्ध की टोह लग गई है। समरू ने आज तक खुलकर जुआना से कुछ नहीं कहा; इसी तरह जुआना ने भी आज तक कोई खुली सफाई पेश नहीं की, लेकिन यह तनातनी बराबर दोनों में चली आ रही है। यह होते हुए भी अब तक जुआना अपने पति से जो चाहती है, करा लेती है। एक वर्ष से जुआना का धार्मिक आडम्बर बढ़ गया है। आगरे का विदेशी ईसाई समाज, खास तौर से पादरी वर्ग बेगम को बहुत मानने लगा है। रोम के पोप तक उसकी भेंटें पहुँचने लगी हैं। जुआना के आधी रात तक के व्यस्त कार्यक्रमों में (मेरी और महबूबा को छोड़कर) उसका बड़े-से-बड़ा भेदिया दुश्मन भी उसके चरित्र में कहीं एक दाग अब तक नहीं ढूँढ़ पाया। दूर-दूर तक बेगम के चरित्र की धाक भी उसकी सुन्दरता और राजनीतिक कुशलता के समान ही बँधी हुई है। अपने पति के सामने सारे जगत् की वाहवाही का तेज लेकर वह उनके किसी मीठे-तीखे व्यंग्य या विरोध को बराबर निस्तेज कर देती है। इसीलिए पति के इस आकस्मिक हठ का कारण समझने के वास्ते खबर मिलते ही आई। मुश्तरी ने बाअदब उसके सामने सिर झुका लिया और दरवाजे के बीचों-बीच में खड़ी हो गई। जुआना के लिए यह एक अनहोनी बात थी। वह एक पल के लिए ठिठकी, अपने मन के क्रोध पर काबू किया । फिर संयत स्वर में पूछा,''हमारे लिए भी यह हुक्म हुआ है?''

''सरकार ने अपनी ज़बाने-मुबारक से सिर्फ इतना ही फरमाया है कि वे किसी से भी मुलाकात नहीं करेंगे।''

''परे हट। मेरा शुमार 'कोई और किसी' में नहीं है।''

जुआना आगे बढ़ने लगी। मुश्तरी न तो उसे रोकने की ही हिम्मत कर सकी और न अदब की वजह से की हुई अपनी गलतबयानी को सुधारने की हिम्मत ही। बेगम अन्दर पहुँच गई।

नवाब साहब आज सुबह से ही शराब के जाम ढालने बैठ गए थे। उन्होंने एक बार नज़र उठाकर जुआना को देखा, पूछा, ''मुश्तरी ने क्या आपको मेरा हुक्म नहीं सुनाया था?''

जुआना को लगा कि आज उसके रूप का जादू नवाब साहब को पहली बार बाँधने में असफल रहा है। उनके स्वर में ऐसी बेरुखी आज तक नहीं देखी थी। मुलायमियत-भरे संयत स्वर में बोली, ''मैंने समझा कि वह हुक्म मेरे वास्ते नहीं है।''

''हाकिम का इन्साफ सबके लिए बराबर ही होता है। तशरीफ ले जाइए। आज के दिन हम किसी भी दगाबाज़ की सूरत नहीं देखना चाहते।''

जुआना मन-ही-मन में लड़खड़ा गई। बेबसी में ज़नाना हथियार इस्तेमाल किया, आँखों में आँसू भरकर बोली, ''मेरे लिए मौत इस इल्जाम से बेहतर होती, आज के मुकद्दस दिन आपके मुबारक हाथों से मारी जाऊँ तो मुझे जन्नत नसीब हो जाए।''

''दगाबाज़ों के लिए दोज़ख ही बेहतर मुकाम है। आप यह न भूलिए बेगम साहबा, कि वाल्टर रेनहार्ड ने इन सत्तावन बरसों में यूरोप से लेकर हिन्दुस्तान तक की खाक छानी है। उसे धोखा देनेवाला इन्सान आज तक दुनिया में पैदा नहीं हुआ, हसीन कुतियों की तो फिर बिसात ही क्या है। चली जाओ यहाँ से, वरना... ''

''वरना हुज़ूर क्या करेंगे?'' जुआना ने भय का भाव छोड़कर अब सख्ती दिखलाई। नवाब साहब की गहरी नीली आँखों में खूनी चमक आ गई। पतले-पतले होठ भिंच गए। नफरत से जुआना को देखकर कहा, ''मैं तुझको और तेरे यार को अभी पल-भर में दोज़ख की आग में जला सकता हूँ।''

''मेरा यार वाल्टर रेनहार्ड नाम का एक बेवफा इन्सान...''

''तेरा यार वह जिसके साथ तूने कल रात बिताई थी।''

''नवाब साहब बजा फरमाते हैं, कल रात ख्वाब में खुद हुज़ूर ही मेरे साथ थे।''

''मेरे सामने झूठ बोलने की कोशिश न करो जुआना। मैं उम्र-भर कभी किसी पर यकीन नहीं कर सका था, खुदा जाने क्यों यह समझ बैठा कि तुम भरोसा करने के काबिल हो।''

''वाल्टर, देखती हूँ कि इधर अरसे से तुम्हारे मन में एक चोर बैठा है और उसकी वजह से तुम मुझे और टॉमस को गलत समझने की ज़िद कर रहे हो।''

''गलत?'' वाल्टर कुर्सी छोड़कर तेज़ी से उठ खड़ा हुआ और झपटकर जुआना के गले में अपने दोनों हाथ ज़ोर से रखकर उसे दबाने की मुद्रा में दाँत पीसकर बोला, ''कुत्ती कहीं की, तेरे इस बेवफा हुस्न से वह वफादार बदसूरती कहीं ज्यादा अच्छी है जो मुश्तरी ने पाई है। मैंने एक बार नहीं कई बार तुझे और टॉमस को रात में एक साथ देखा है। तू समझती है कि दुनिया की नज़रों से अपनी काली हरकतों को बचा सकती है? बोल, कल रात दो बजे तेरे कमरे में टॉमस आया था कि नहीं?''

''जी हाँ, आया था, लेकिन जिस काम के लिए आप समझते हैं उस काम के लिए नहीं।''

''तब फिर किसलिए आया था?''

''आगरे के पादरियों में कुछ लोग ऐसे भी हैं जिनके साथ मिलकर अंग्रेज़ आपको मारने की तरकीब कर रहे हैं। टॉमस अक्सर खुफिया तौर पर भी मेरे पास आता है। खुद हुज़ूर ने ही इस कनीज़ को एक बार नसीहत दी थी कि सियासत का खेल

परदा-दर-परदा सात फाटकों में बन्द होकर खेलना चाहिए, ताकि इस हाथ की खबर उस हाथ को भी न लगे।''

''तू मेरी ही बातों से मुझी को झूठा बनाना चाहती है! तेरे लामिसाल हुस्न ने अब तक मुझे मजबूर कर रखा है, वरना एक लम्हे में तेरा यह घरौंदा तोड़ देता।''

''अब भी तोड़कर देख लीजिए आली जनाब, दो कौड़ी की खरीदी हुई बाँदी की अक्ल लेकर खुद हुज़ूर भी अब चाहने पर अपनी फौज को जुआना के खिलाफ नहीं ले जा सकते, आज़माना चाहें तो हुज़ूर अपने फौजवालों पर अपने हुक्म का जादू चलाकर देख लें।''

समरू चुप रहा। जुआना के गले पर उसके हाथों का कसाव ढीला पड़ गया। नवाब साहब यह जानते हैं कि उनकी सेना उनकी दूसरी पत्नी को देवी और सच्चरित्रता की सजीव मूर्ति मानकर श्रद्धा करती है। जुआना का पाप मुश्तरी ने देखा है। कल रात उसने समरू को भी दिखला दिया और अब उसी देखे हुए सत्य को जुआना एक नये सत्य से जोड़ रही है। उस पर वह अविश्वास करे या विश्वास, उसकी समझ में नहीं आया। जुआना का अप्रतिम तेजोमय सौन्दर्य उसके मन के झूठ को इस तरीके से ढके हुए था कि समरू के मन की आँखें उसे देखकर खुद अपने ही सामने प्रमाणित नहीं कर पाती थीं। उसके हाथों के ढीला पड़ते ही जुआना ने झटककर पति के दोनों हाथ गिरा दिए और कहा, ''हुज़ूर नवाब साहब, आपके लिए सपने सजाने की दीवानगी में जो औरत आज तक अपनी पुरसियासी चाल को सँभल-सँभलकर चलती रही, जिसने आपको सरधना की जागीर और यह सूबेदारी दिलवाई, खुद उसी को दाग लगाने के लिए आपने जिसके इशारे पर यह तमाशा किया है वह आज हुज़ूर के देखते-ही-देखते अपने किए का फल पा जाएगा।'' कहकर जुआना तेज़ी से चली गई।

दस-पन्द्रह मिनटों के बाद ही तातारी पहरेदारिनों की एक टुकड़ी ने आकर नवाब समरू के निवासगृह को घेर लिया। मुश्तरी गिरफ्तार हुई। उसकी चीख सुनकर भी नवाब साहब अपने कमरे से बाहर न निकल सके, क्योंकि तातारिनों के तमंचे कमरे के भीतर ही उनकी राह रोकने के लिए 'बा अदब' आ चुके थे। जीवन-भर दूसरों को धोखा देकर फलने-फूलनेवाला जर्मनी का आवारा, नसीब का चमकता सितारा जनरल वाल्टर रेनहार्ड उर्फ नवाब समरू साहब खुद अपने जीवन का सबसे बड़ा धोखा खा गया। दूध अपने पीनेवाले साँप को ऐसी मस्ती देने लगा कि वह खुद-ब खुद लालच-ब-लालच दूध की नाँद में बेहोश होकर सरकता गया और उसी में फिसलकर डूब मरा। पिछली सारी लड़ाइयों में और राजनीतिक दाँव-पेचों में नवाब हमेशा 'खुदा' बनाकर पीछे रखे गए, बेगम आगे रही। उसकी नीतियों की सफलता के बाद नवाब ने विरोध तक करना छोड़ दिया था। अपने सारे अधिकार दूसरी पत्नी को सौंपकर निश्चिन्त मन से निष्क्रिय विलासरत हो गए थे।...स्थिति देखकर खुद समरू ही को लगा कि यही उसका अनिवार्य अंत था। तातारिनों के तने तमंचों से अपने-आपको

घिरा हुआ देखते ही सोम्ब्रे हँस पड़ा, मेज़ से प्याला उठाते हुए चारों तरफ कमरे को अन्दर से घेरकर खड़ी हुई तातारिन की ओर मुखातिब होकर बोला, "शाहजहाँ आज दूसरी बार इस किले में कैद हुआ है, और इस बार उसके किसी बेटे ने नहीं, बल्कि खुद मुमताजमहल ने ही उसे कैद किया है। हः हः।"

किले में यह अफवाह फौरन ही उड़ गई कि मुश्तरी ने नवाब साहब को अपने बस में करने के लालच में कोई ऐसा गर्म कुश्ता खिला दिया कि जिससे उनके दिमाग पर बुरा असर हुआ है। शाही हकीम बुलाए गए हैं। फिक्र की कोई बात नहीं। सालगिरह का जश्न बदस्तूर होगा।

बारह

सालगिरह की फौजी परेड की तैयारियाँ हो रही हैं। रात की महफिल के लिए झाड़-फानूसों की सफाई हो रही है, दीवाने-खास दुल्हन-सा सजाया जा रहा है। चारों ओर भागदौड़, चहल-पहल।

किले के एक तहखाने में एक दीवार से जकड़कर बाँधी गई मुश्तरी के तीनों तरफ उसके शरीर से एकदम सटाकर एक नई दीवार बनाई जा रही है जो उसकी कमर तक पहुँच चुकी है और तेज़ी से ऊँचे चढ़ रही है। बेगम जुआना समरू खुद कुर्सी पर बैठकर अपने सामने यह काम करवा रही है। पंखा झलने के लिए सिर्फ महबूबा ही मौजूद है। ऊपर दरवाज़े पर बेगम के बड़े भरोसेदार पुराने नमकख्वार सिपाही चौकसी कर रहे हैं।

मुश्तरी के दीवार में चुने जाने की खबर सुनकर समरू नवाब तड़प उठे थे। पहले तो बेगम से मिलने की कोशिश की, असफल होने पर जुआना बेगम के नाम एक पत्र लिखकर बड़े ही कारुणिक ढंग से मुश्तरी के प्राणों की भीख माँगी। तातारिन पहरेदारिनों की जमादार उस पत्र को लेकर बेगम साहबा के पास आई थी। पत्र नीचे पहुँचाया गया। सिपाही भी दिल से यह नहीं चाहते थे कि मुश्तरी की जान इस तरह से ली जाए। रंग पक्का काला होते हुए नाक-नक्शा ऐसा सुडौल और मुँह ऐसा भोला-भाला-सा है कि देखनेवाले को सुहाता है। फिर जाननेवाले यह जानते हैं कि जी-जान से नवाब साहब की सेवा करती है और किसी छल-छन्द में नहीं है। नादानी में बेगम साहबा के खिलाफ नवाब साहब से कुछ गलतबयानी इसने ज़रूर की होगी और उसके लिए इसे कोई सज़ा भी मिलनी चाहिए, पर यह सज़ा सत्रह-अठारह बरस की नादान मगर वफादार लड़की के लिए बहुत सख्त है।

एक चौकीदार खत लेकर नीचे गया। थोड़ी ही देर में वह लौट भी आया। तातारिन जमादार और दूसरा चौकीदार हाशिम खाँ उत्सुक होकर आगे बढ़े। हाशिम खाँ ने चौकीदार कादिरबख्श से पूछा, "क्या कहा?"

कादिरबख़्श ने फीकी मुस्कान के साथ अपनी मुट्ठी खोलकर समरू के पत्र के चार फटे टुकड़े दिखला दिए, तातारिन की ओर उन्हें बढ़ाते हुए कहा, ''हुक्म हुआ है कि यही खत का जवाब है, नवाब साहब की खिदमत में पेश किया जाए।''

समरू नवाब की उमर के पुराने नमकख्वार हाशिम खाँ ने दुःख व अचरज के साथ कहा, ''नवाब का कहना भी न माना! उफ! हुस्न की तहों में अन्दर से नफरत की ज़हरीली नागिन निकलेगी, यह कभी सोचा भी न था।''

चेहरे से कठोर लगनेवाली तातारिन भी विचार में आँखें फैलाकर अपनी छाती पर दोनों हाथ रखकर बोली, ''उफ, हैरत है कि जवान मासूम लड़की को यों जीते-जी दीवार में चुनवाते हुए बेगम साहबा का कलेजा नहीं फटता!...दीवार कहाँ तक चुन गई कादिरबख़्श?''

''मुश्तरी के सीने तक पहुँच चुकी है। घड़ी-भर में वह सलोना चेहरा पुख्ता दीवार के पीछे छिप जाएगा।''

''चलूँ। नवाब बेचारे जवाब की इन्तजारी में छटपटा रहे होंगे।''

खत के फटे टुकड़े दबाकर तातारिन चली गई। दोनों चौकीदार उदास बैठे बातें करने लगे। हाशिम खाँ कहने लगा, ''बड़े-बड़े अमीरो-उमरा जिनकी नजरे-इनायत के हमेशा मुश्ताक रहे वो सरधना के फिरंगी नवाब आज खुद अपने ही घर में यों बेबस हैं। तुफ है। जिस औरत को एक दिन खरीदकर लाए थे, वही आज उनकी छाती पर यों मूँग दल रही है।''

''हाशिम भाई, सरधना की फौजें इस वक्त नवाब साहब नहीं बल्कि बेगम साहबा के हुक्म सुनने और मानने की आदी हो चुकी हैं। शराब और औरत ने आज समरू साहब को कहीं...''

नीचे से आनेवाली नारी कंठ की मर्मांतक चीखों ने सकते का आलम पैदा कर दिया।

''क्या हुआ? ये चीख तो मुश्तरी की ही है।''

''जरूर कोई और सितम ढाया जा रहा होगा।''

नीचे तहखाने में मुश्तरी की दोनों आँखें गर्म सलाखें घुसेड़कर फोड़ी जा चुकी थीं। उस पर यह इल्ज़ाम था कि बेगम साहबा को बड़ी मगरूर आँखें दिखलाती है। आँखें दागी जाने के बाद मुश्तरी चीखकर थक गई, उसका सिर झुक गया, आँखों का लहू छाती पर बहता रहा।

जुआना ने हुक्म दिया, ''दीवार चुनने का काम फिर से शुरू हो।''

महबूबा ने झुककर गिड़गिड़ाते हुए कहा, ''हुजूर, मुश्तरी को अब मुनासिब सज़ा मिल चुकी। उसकी आँखों से बहते हुए लहू के धारे नादिरशाही कत्ले-आम से ज्यादा दर्दनाक लगते हैं। अब इसे दीवार में न चुनवाइए।''

ठंडी, सधी आवाज़ में बेगम ने उत्तर दिया, ''इंसाफ अंधा और बहरा होता है महबूबा। कसूरवार को सज़ा मिलनी ही चाहिए। इस नमकहराम ने हमारे शौहर

को हमारे खिलाफ करने का जुर्म किया और ऊपर से हमें ही मगरूरी से आँखें दिखलाती थी।''

दर्द से काँपते किन्तु क्रोध और घृणा से तीखे स्वर में मुश्तरी ने कहा, ''वो आँखें तो अब तुम्हें न दिखा सकूँगी जुआना, लेकिन मैं तुम्हारे नाम पर थूकूँगी, तुम्हारे मुँह पर थूकूँगी और दीवार चुन जाने पर भी अपनी आखिरी साँस तक इन ईंटों से कहती रहूँगी कि जुआना दगाबाज़ है। इसने अपने मालिक के सिपहसालार को अपने हुस्न का लालच...''

''शेर अली, इसकी नापाक ज़बान पर दहकते अंगारे रखे जाएँ।''

मुश्तरी की ज़बान से एक चीख दबाते-दबाते भी निकल ही गई। लेकिन मुश्तरी घमंड और शान से बोली, ''यह हौसला भी निकाल लो जुआना। किसी लैला, किसी शीरीं को इश्क में आज तक क्या मरते दम तक चैन मिला है जो मुझे ही मिले! जलाओ मेरी ज़बान। मैं तब तक चिल्ला-चिल्लाकर कहूँगी कि मुझे नवाब समरू की दौलत से नहीं बल्कि उनसे इश्क है, उनसे इश्क है, उनसे...''

''मक्कारा, मरते वक्त तो सच बोला होता।''

''मक्कारा तू है जुआना। तुझे नवाब साहब की दौल्त से इश्क था, मुझे उनसे। तूने उन्हें बस में करने के लिए ईसाई मज़हब कबूल किया था और मैं उनकी पाक मुहब्बत में हज़रत ईसा की तरह अपनी जान कुर्बान कर रही हूं।''

''दीवार तेज़ी से चुनी जाए।'' बेगम साहबा ने तड़पकर हुक्म दिया।

आधे घंटे के बाद बेगम साहबा फौजी परेड की सलामी लेने गई। फिर उसके बाद उन्होंने अपनी सेना के ओहदेदारों को इनाम बाँटे। सिपहसालार टॉमस को सोने का जड़ाऊ तमगा पहनाया, उसके बाद लवसूल का नम्बर आया।

अपने देश के फौजी लिबास में अदब और शान से कदम रखता हुआ लवसूल प्रतिक्षण जुआना के निकट और निकट आ रहा था। साल-भर में अपने ओहदे की सुख-सुविधाएँ और मान-सफलता आदि से उसके शरीर की पुष्टि, उसके चेहरे की कान्ति को और अधिक उभार मिल गया। लगभग डेढ़ वर्ष से सधा हुआ ब्रह्मचर्य और स्वानुशासन का गौरव उस कान्ति को चौबाला कर रहा है। उसके पास आते ही जुआना बेगम का दिल जैसे थम-सा गया। पिछले एक साल में लवसूल का जादू उसे इतना दहलाता रहा है कि वह उससे जहाँ तक होता है बचने और कतराने की कोशिश ही करती है। लवसूल की सुन्दरता और जवानी उसकी एक दबी चाहना है, उसके ऊपर उसके धर्म और चरित्र की निष्ठा का आतंक है और इससे भी ऊपर इस समय जुआना के मन में यह भय है कि समरू के बन्दी बनाए जाने से लवसूल अप्रसन्न है।

लवसूल ने नज़रें उठाकर देखा। उसकी जिन आँखों में जुआना को अपने प्रति अगाध श्रद्धा की स्निग्धता, भक्त की भगवान के प्रति भूखी चाहना जैसा भाव सदा मिलता था, वह आज उनमें नहीं था, आँखें दर्द-भरे सवालिया निशान जड़े एक लम्बे

वाक्य जैसी जुआना को दिखलाई पड़ रही थीं। तमगा हाथ में लिये हुए जुआना इन आँखों को देखकर काँप गई। संयोग से लवसूल बोल उठा, "इस जलसे के बाद बेगमे-आलिया के मसरूफ वक्त से चन्द लम्हात अपने वास्ते लेने की इजाज़त चाहता हूँ।"

यह कहते हुए भी आँखें वैसे ही सवालिया सूनेपन से भरी रहीं। जुआना को विजय पाने के लिए अब केवल अपने नारीत्व का बल ही रह गया था। बड़े ही स्नेह से उसे देखते हुए तमगा पहनाते हुए धीरे-से कहा, "मैं खुद तुम्हें बुलाकर सब कुछ बतलाना चाहती थी। महबूबा से कह देना कि रात के जश्न से पहले वह मेरे सिंगारघर में तुम्हें पहुँचा दे। जीसस की मेहरे-नज़र सदा तुम पर रहे, सदा परवान चढ़े।" बेगम ने महसूस किया कि उसकी आवाज़ से लवसूल की आँखों की सूनी गली में एक हल्की-सी चिकनाई की धार फिर से बह निकली है। जुआना के लिए इतनी-सी जीत ही इस समय बड़ी आस्था देनेवाली थी। और इसी आस्था की ठंडक में बहुत ही अच्छी तरह से यह राज़ खुल गया कि उसका मन पहले दिन ही से लवसूल पर निसार है। जो कड़ी बशीर खाँ के साथ टूटी थी वही लवसूल के साथ जुड़ गई है। जुआना का दिल पत्थर हो गया है। मगर उस पत्थर के अन्दर मुन्नी, दिलाराम का दिल अब भी पानी के सोते-सा बाकी बच गया है, और वह दिल अब भी किसी पर रीझा हुआ है। जुआना नहीं चाहती कि वह किसी से दिल लगाए, पर दिलाराम का दिल किसी पर आ जाए तो जुआना बेचारी क्या करे। अपने इस नये प्रेम की स्पष्ट अनुभूति से जुआना के मन को आध्यात्मिक शान्ति मिली। दिन-भर के पाप पर पर्दा डालने के लिए आत्म छलावे के रूप में प्यार आ गया।

रात का समय है। बेगम साहबा के कमरे में गुलाबी झाड़-फानूसों की रोशनी वहाँ की हर चीज़ को गुलाबी बना रही है। जलसे में शरीक होने के लिए जुआना नई पोशाक बदलकर तैयार हो चुकी है, सिर्फ सर के बालों को थोड़ा-बहुत सँवारना अभी बाकी है। कमरे में महबूबा के सिवाय और कोई नहीं है। दिलाराम ने यूरोप से खास तौर पर सालगिरह के दिन समरू को भेंट करने के लिए मँगवाई गई सोने की जड़ाऊ जेबी घड़ी मेज़ पर रखे मखमली डिब्बे से उठाकर खोली। पौने आठ का वक्त था। जुआना ने महबूबा से कहा, "उसे ले आ।"

महबूबा आज उदास और गम्भीर थी, बोली, "एक दिन में दो अज़ाब काफी हैं मुन्नी, अब तीसरा खूने-नाहक न करो।"

"तमीज़ से बात करो महबूबा!"

"मुश्तरी को दीवार में चुनते देख-देखकर अपने दिल का हक अब मैं पा गई हूँ मुन्नी!"

"क्या आज मुझसे लड़ने का इरादा है तुम्हारा?"

"इन्सान का दिल खुद अपने ही से लड़ता है बीबी दिलाराम! अपनी ही टक्करों से वह दूसरों को तोड़ता है। और उस वक्त वह यह भूल जाता है कि दूसरों को

तोड़ने में वह भी खुद-ब-खुद टूटता चला जा रहा है। तुम्हारे आज में मैं तुम्हारा कल देख रही हूँ। इसलिए कहती हूँ, तीसरा खूने-नाहक आज न करो।''

''तू पगली हो गई है महबूबा! तू यह भूल जाती है कि बशीर खाँ ने मुझे बेचने से पहले मेरा दिल तोड़ दिया था। उन्होंने यह भी बतलाया था कि हुकूमत का राज दिलों को तोड़ने में ही है। मैं जो कुछ भी कर रही हूँ उसी के लिए कर रही हूँ।''

''लब्बू मियाँ बहुत प्यारे और भोले हैं और तुम जिस अन्दाज़ में इस वक्त बैठी हुई हो वह बतलाता है कि उसकी नाराज़गी को रफा करने के लिए तुम उस पर भी अपना जादू इस्तेमाल करना चाहती हो।''

''हर बचत के लिए औरत के पास यही एक हथियार होता है पगली! मेरी जगह पर अगर नसीब ने तुझे बिठला दिया होता तो तू भी यही करती। बेफिक्र रह, तेरे नन्हे-मुन्ने की जान न लूँगी। जा, उसे बुला ला।''

लवसूल कमरे में दाखिल हुआ। महबूबा फिर से जुआना की चोटी में मोती गूँथने लगी। बड़े प्यार से मुस्कराकर जुआना ने कहा, ''आओ लवसूल, बैठो, बैठो न!''

बेगम के सामने रखी हुई कुर्सी पर लवसूल तनकर बैठ गया, जुआना बोली, ''मैं जानती हूँ कि तुम्हें गहरा सदमा पहुँचा है और तुम्हारे मन में बहुत-से सवालात हैं।''

''सवेरे से मेरी दुनिया घूम रही है बेगम साहबा।''

''तुम्हारी ही तरह आज सुबह मेरी दुनिया भी हवा में फना हो गई थी। जानते हो, मुश्तरी ने क्या कहा था? उसने तुम्हारी मरियम-उल् अस्मत को हुजूर नवाब साहब के सामने बदचलन साबित करने की साज़िश रची थी। उसने टॉमस के साथ मुझ पर यह गंदा इल्ज़ाम लगाया जिस पर कोई यकीन तक नहीं कर सकता। सब जानते हैं, तुम भी जानते हो लवसूल कि मैं टॉमस को बहुत चाहती हूँ, लेकिन भाई की तरह, दोस्त की तरह, मैं तुम्हें बेहद चाहती हूँ, लवसूल। यह महबूबा जानती है कि मैं तुम्हें कितना चाहती हूँ। कल अगर कोई मुझ पर यह तोहमत लगाए कि तुम और मैं...''

''कहने से पहले मैं उसका सर कलम कर दूँगा बेगमे-आलिया! आपको कौन नहीं जानता।''

''सिर्फ एक मेरे शौहर को छोड़कर। वह उस दो कौड़ी की बदज़ात बाँदी के कहने में इस कदर आ गए थे कि अक्ल गँवा बैठे। शराब और औरत उनको इस तरह से बरबाद कर चुकी है कि अब वे खुद अपना ही भला-बुरा पहचानने के काबिल नहीं रहे। सब मेरे नसीब का ही कसूर है, क्या कहूँ!'' कहकर बेगम साहबा ने एक ठंडी साँस छोड़ दी।

लवसूल सिर झुकाए बैठा रहा, फिर बोला, ''एक बार हुजूर नवाब साहब से मिलने की इजाज़त चाहता हूँ। यह नूर जो कि सारे आलम को रोशनी देने की ताकत रखता है, उनके जैसे आला दिमाग आदमी के पास आकर अँधेरा क्यों बन जाए।''

''मैं तुम्हें खुशी से मिलने की इजाज़त देती हूँ।' यह कहते हुए जुआना ने मेज़ से घड़ी उठाई, फिर महबूबा की तरफ देखकर कहा, ''शरबत ले आ।'' जब वह चली गई तो लवसूल को अपने नज़दीक बुलाकर वह घड़ी दिखलाती हुई दबे स्वर में बोली, ''यह घड़ी मैंने नवाब साहब की सालगिरह पर उनकी नज़र करने के वास्ते दिल्ली के पुर्तगाली सौदागर से खास तौर पर मँगवाई थी, यह देखो!'' बेगम ने निःसंकोच उस नायाब घड़ी के दोनों पल्ले खोलकर दिखलाए। एक ओर समय था और दूसरी ओर मीने का मिथुन; घड़ी के चलने से वह मिथुन कामकेलि करता था। दिखलाकर घड़ी बन्द की, डिब्बा बन्द किया और उसे देते हुए बोली, ''अगर तुम राज़ी कर सको तो मेरा यह तोहफा मेरे शौहर की ऩजर कर देना और अगर वे अपने हठ पर ही अड़े रहें तो यह घड़ी तुम्हारी है; अपने पास रखना। तुम्हें मेरी कसम है, किसी को न बतलाना।''

लवसूल पर जादू चल गया, और वह भोला यह जान भी न पाया कि उस पर जादू चला है। बेगम ने महबूबा को उसके साथ कर दिया, ताकि उसके मिलने में कोई अड़चन न पड़े।

तेरह

किले के विस्तृत फैलाव को पार करता हुआ लवसूल अधीरतावश तेज़ कदम रखते हुए बीच में महबूबा का साथ देने के वास्ते रुक गया। महबूबा इस समय थके पाँवों चल रही थी। उसका तन और मन दोनों ही उदास थे। लवसूल को चुप रहना अखर रहा था। उसका मन सच-झूठ के खिंचाव में था। पिछले एक बरस में उसने नवाब साहब का स्नेह पाया था और बेगम साहबा के प्रति उसकी श्रद्धा उसके मन की कुंठाओं को दबाकर सदा आगे ही बढ़ी थी। बेगम ने उसके भावुक मन की भोली आकांक्षाओं को आज तक कभी भरपूर न दुलराया, मगर इसके साथ-ही-साथ उसे अपनी ओर सदा खींचे भी रखा। लवसूल केवल इतना ही चाहता था कि उसकी नमकहलाली से सन्तुष्ट होकर बेगम उसे भी टॉमस की तरह ही अपना अति विश्वस्त जन समझें। उसकी यह आशा बेगम साहबा से अधिक नवाब साहब ने पूरी की थी। वे उसे चाहने लगे थे। लवसूल शतरंज खेलने में कुशल था, नवाब साहब अक्सर इतवार के दिन उसे किले में बुला लेते और शतरंज खेला करते थे। बातों में ज़िक्र आ जाने पर टॉमस के प्रति उनकी घृणा को देखकर लवसूल के मन को सन्तोष मिलता, और इसी सन्तोष ने पिछले कुछ महीनों में लवसूल को समरू साहब के अधिक निकट ला दिया था। समरू नवाब की नज़रबन्दी के बारे में जुआना बेगम की बातों से लाजवाब हो जाने पर भी उसका धार्मिक मन इस बात से दुखी था कि ईसाई धर्म की आदर्श देवी ने राजनीति के लिए अपने पति को बन्दी करने की कुनीति अपनाई। चलते हुए महबूबा से धीमे स्वर में बोला ''नवाब साहब उड़ती

चिड़िया के पर गिन सकते हैं, फिर भी एक मामूली-सी बाँदी के कहे में आकर बेगम साहबा पर गलत इल्ज़ाम लगाने की भूल आखिर क्यों की उन्होंने?'' महबूबा कुछ न बोली, लवसूल ने फिर कहा, ''टॉमस साहब से वे नाराज़ तो किसी हद तक जरूर थे, मगर उस नाराज़गी में बेगम साहबा का मुबारक नाम इस गंदे तरीके के साथ उन्होंने आखिरकार क्या सोचकर जोड़ा होगा! बेगम साहबा का बड़े-से-बड़ा दुश्मन भी उन पर ऐसी तोहमत नहीं लगा सकता।''

''दुश्मन इन्सान का दिल नहीं देख पाते, दोस्त देख लिया करते हैं।''

''तो क्या नवाब साहब का शक सच है?'' लवसूल ने धड़कते दिल से पूछा।

महबूबा सँभल गई, जवाब दिया, ''हुस्न की मलिका भूखी है, हुकूमत का आफताब ढल चुका है। इन दोनों की मजबूरियों के बीच सच-झूठ की लुका-छिपी बखूबी चल सकती है। बड़े लोगों के कारनामे हैं लब्बू मियाँ!''

''मैं तुम्हारी बात समझ गया। बेगम साहबा मन-ही-मन में नवाब साहब से नाराज़ हैं। नवाब साहब भी दरअसल खुद अपने ही से नाराज़ हैं, मगर उस नाराज़गी को वे टॉमस पर डालकर अपने को हल्का कर लेते हैं।'' लवसूल के ध्यान में वह घड़ी आ गई जो बेगम साहबा ने उसे दिखलाई और दी है। वह घड़ी महबूबा की इस बात का समर्थन करती है कि हुस्न की मलिका भूखी है। इससे यह भी साबित होता है कि नवाब साहब का इल्ज़ाम गलत है। बेगम साहबा पवित्र हैं। केवल राजनीतिक रूप से ही टॉमस उनका अति विश्वासपात्र है। और अपनी इस धारणा से उसके कलेजे को ठंडक पहुँची। वह ठंडक अपना अर्थ न समझ पाने पर बेगम साहबा के प्रति पवित्र श्रद्धा में बदल गई। समरू नवाब के निवास तक पहुँचते हुए लवसूल का मन अपने भोले तर्कों से पुष्ट हो चुका था। महबूबा उसे महल की देखभाल करनेवाली अफसर को सौंपकर चली आई। नवाब समरू दोपहर से अपने पलंग पर खामोश लेटे थे। उन्होंने न कुछ खाया था और न शराब के जाम कबूल किए थे और न हुक्के की सटक ही हाथ में थामी थी। बगैर सूचना दिए लवसूल दबे पाँव उनके पलंग के पास पहुँच गया और दरबारी कायदे से कोर्निश की। नवाब साहब ने फटी आँखों उसे देखा, कुछ देर देखते ही रहे, फिर कहा, ''क्या मुझे भी इस वक्त दीवार में चुनने का हुक्म हुआ है?''

''किसकी मजाल है बन्दापरवर, कि ऐसा हुक्म दे! दिल्ली के बादशाह में वह ताब नहीं और यहाँ जो हैं वे सबके सब हुजूर के जरा-से इशारे पर अपनी जानें कुर्बान कर सकते हैं।''

नवाब साहब खामोश हो गए। लवसूल उनके पायताने की तरफ झुककर बैठ गया और उनके पाँव को अपने सर से लगाकर बोला, ''हुजूर की यह उदासी आपकी सालगिरह के मुबारक जश्न पर मुर्दनी बनकर छाई हुई है। बेगम साहबा उदास हैं, आप उदास हैं—फिर हम लोग जिएँ किसके सहारे हुजूर?''

''घड़ियाल के आँसू आँसू नहीं होते मेरे बच्चे। यह आइरिश शैतान मेरे बनाए

हुए बहिश्त को दोज़ख में बदल देगा। पन्द्रह साल पहले मैंने जिसकी जान बख्शी थी वह मेरी जान और माल का गाहक बन बैठा है।''

''किसकी मजाल है हुजूर, जो आपकी तरफ आँख भी उठाने की जुर्रत कर सके। मैं सीधा बेगम साहबा के पास से आ रहा हूँ। खुदा और क्राइस्ट के बाद वह आप ही को पूजती हैं। मुश्तरी ने...''

''आह! आह!'' नवाब साहब बेसाख्ता कराह उठे। दोनों हाथों से उन्होंने अपना कलेजा दबा लिया। लवसूल फौरन उनके सिरहाने की ओर लपका, उनके हाथों पर अपने हाथ फेरते हुए बोला, ''क्या हुआ हुजूर, हकीम को बुलवाऊँ?''

''मेरे हकीम अब हजरत मालिकुल्मौत ही हैं। जाओ लवसूल, मेरे पास आकर तुम भी मेरे दुश्मनों के शक के शिकार हो जाओगे।''

''हुजूर के कदमों में रहने की लालच से मैं सारी दुनिया को अपना दुश्मन बना सकता हूँ। मगर सरकार गुलाम की इस बात पर यकीन करें कि बेगम साहिबा की पाक शख्सियत हर शक व शुबहा से कोसों परे है।''

नवाब साहब हँसे, उठने की कोशिश करने लगे, लवसूल ने उन्हें सहारा देकर बैठा दिया। यमुना की ओर खुलनेवाले दरवाज़ों के बाहर द्वादशी का चन्द्रमा चमक रहा था। नवाब साहब ने लवसूल के कन्धे पर एक हाथ रखकर दूसरे से चन्द्रमा की ओर इशारा करते हुए कहा, ''वह चाँद के दाग को देख रहे हो न?''

''जी हुजूर।''

''इसका दाग तो हर एक को दिखलाई पड़ जाता है, पर क्या तुम यकीन करोगे बरखुर्दार, कि दाग सूरज में भी होते हैं। यह राज़ मुझे बहुत बड़े आलिम ने बताया था।''

सुनकर लवसूल के मन की विचित्र दशा हो गई। जुआना बेगम में कोई दाग है, यह वह मान नहीं पाता और नवाब साहब झूठ कह सकते हैं, इसका उसे यकीन नहीं। नवाब साहब की बात काटने की हिम्मत भी उसमें नहीं थी। मन की अड़चन टॉमस के लिए गुस्सा बनकर फूटी, बोला, ''हुजूर, मेरे आका, मेरी इस बात में बाल बराबर भी फर्क नहीं है। आप मुझे एक हफ्ते की मोहलत दें। टॉमस अगर वाकई गुनहगार है तो आज के आठवें दिन वह इस दुनिया से उठ जाएगा। अब मुझे भी यकीन होता है कि बेगम साहबा और आपके दरम्यान गलतफहमी की एक दीवार खड़ी करके वह ज़रूर कोई गहरी साज़िश रच रहा होगा। बेगम साहिबा ऐसी पाक रूह वाली खातून को बदनाम करके हुजूर का सुकूने ज़िन्दगी छीननेवाले को मैं हरगिज़-हरगिज़ ज़िन्दा नहीं रहने दूँगा। आप देखिए हुजूर, बेगम साहिबा ने बड़े इसरार के साथ यह सालगिरह का तोहफा मुझे आपकी खिदमत में पेश करने के लिए दिया है। उसे कुबूल फरमाएँ।''

घड़ी देखकर समरू ने कहा, ''वक्त की पल-पल की पहचान के वास्ते यह घड़ी तुम्हारी बेगम साहिबा के लिए ज्यादा ज़रूरी है, लवसूल! मैं आज सुबह से सिर्फ

अपना गुज़रा हुआ वक्त ही देख पा रहा हूँ। लगता है, आगे का वक्त मेरे लिए चुक गया है।''

''बेगम साहिबा को बड़ी तकलीफ होगी।''

''न, वक्त उनके साथ रहे, इससे बढ़कर वह औरत और कुछ भी नहीं चाहती।''

''वह आपको अज़हद चाहती हैं, हुजूर!''

''बच्चे हो लवसूल। तुम वाकई बहुत प्यारे बच्चे हो। हिन्दोस्तान में मुझे नसीब ने सब कुछ दिया, मगर बीवियाँ बीवियाँ न रहीं, बेटा कभी बाप का न बना और ये फौज और रियासत ताश के पत्तों-सी मेरे हाथ में रहते हुए भी पराये दाँव की जीत में शामिल हो गई। अट्ठावन बरस की ज़िन्दगी में यूरोप से लेकर यहाँ तक की खाक छानने के बाद इस वाल्टर रेनहार्ड ने आखिर पाया क्या? टूटी चारपाई पर पैदा हुआ था और सोने के पलंग पर मरेगा, बस इतना ही तो हासिल किया!''

''मरें हुजूर के दुश्मन। आपका साया-ए-रहमत हम पर सदा बना रहेगा।... यह घड़ी...''

''अगर बेगम साहिबा को लौटाने की हिम्मत न कर सको तो मेरी सौगात के तौर पर इसे अपने पास रखना।...रखो, रखो, बरखुर्दार, अगर तुम्हें अपनी बेगम साहिबा की नाराज़गी का खतरा हो तो मैं लिखकर देता हूँ।''

''नहीं, नहीं, हुजूर...''

''नहीं। कागज़-कलम-दवात मँगवाओ।''

कागज़ पर जनरल वाल्टर रेनहार्ड ने लिखा कि वह अपनी तमाम मनकूला और गैर-मनकूला जायदाद का वारिस अपने हमवतन लवसूल को बनाते हैं, उनकी दोनों बेगमों और बेटे को सिर्फ गुज़ारा मिलेगा। ''दुनिया यह जान ले कि लवसूल मेरा गोद लिया हुआ बेटा है और मैं उसे अपना वारिस मुकर्रर करता हूँ।''

महफिल में बैठी हुई बेगम साहिबा के कान में गोयन्दे ने यह भनक डाल दी कि नवाब साहब ने लवसूल को अपना वारिस मुकर्रर किया है। सुनकर बेगम साहिबा का चेहरा गम्भीर हो गया और टॉमस का चेहरा बेगम साहिबा से यह खबर पाकर घृणा से कस उठा।

उसी रात समरू साहब के महल में बन्दूक की गोली दगी। खबर यह उड़ी कि वाल्टर रेनहार्ड ने आत्महत्या कर ली है।

चौदह

आगरे के रोमन कैथोलिक कब्रिस्तान में नवाब समरू की मृत देह को छः गज़ ज़मीन बड़ी शान से मिली। शहर में मातम मनाया गया। बेगम गम की साक्षात् मूर्ति बन

गई थी। खाना-पीना तक छोड़ दिया था। जिस कमरे में समरू की मौत हुई, उसी में आठों याम पड़ी रहती थी। राज-काज तक छोड़ दिया था। टॉमस को यह आदेश था कि वह समरू की जमा-जायदाद का प्रबन्ध सँभाले और लवसूल को कोतवाली से हटाकर सेना का नायब-सिपहसालार बना दिया गया। टॉमस खुश था कि जिस जायदाद को समरू लवसूल को दे गया था वह प्रबन्ध के बहाने अलक्ष्य रूप से उसके अधिकार में आ गई थी। लवसूल को भी इस बात का सन्तोष था कि सेना की कमान बेगम ने उसके हाथों में सौंप दी है। बहुत दिनों से वह यह पद पाने की आकांक्षा मन-ही-मन में कर रहा था। लेकिन अपने सौभाग्य से सुखी होने पर भी वह दरअसल बेहद दुखी और बेचैन था। उसे बराबर यही खबर मिलती कि बेगम साहिबा ने अब तक मुँह में अन्न का एक दाना भी नहीं रखा।

तीन दिन गुज़र गए, विधवा बेगम का अनशन न टूटा। किले में यह अफवाह फैली हुई थी कि अन्न-जल त्यागकर बेगम ने अपने पति की शरण में जाना ही तय किया है। बेगम वहीं अपने प्राण देंगी जहाँ उनके पति ने आत्महत्या की थी। जुआना के पातिव्रत धर्म की महिमा से फौज का हर सिपाही, किले का हर कर्मचारी, और यहीं तक नहीं बल्कि नगर का जनमानस भी प्रचार के चमत्कारिक ढंग से महिमामंडित कर दिया गया था। हर एक ज़बान पर बस यही चर्चा थी कि बेगम परम सती-साध्वी और महादेवी हैं। बेगम के राज-काज और राजनीतिक सूझ-बूझ की भूरि-भूरि प्रशंसा हो रही थी। बड़े-बड़े सरदार, अमीर व उमरा आगरे के किले में मातमपुर्सी के वास्ते आ रहे थे। टॉमस ही बेगम की तरफ से शोक-संवेदनाएँ ग्रहण कर रहा था, स्वयं बेगम किसी को अपना मुख तक नहीं दिखलाती थीं। महबूबा और मेरी को छोड़कर कोई व्यक्ति उनके पास तक नहीं जा सकता था, आवश्यकता होने पर केवल टॉमस ही को बेगम से मिलने की छूट मिली हुई थी।

बेगम की भूख-प्यास ने लवसूल के मन में रात-दिन हलचल मचानी शुरू कर दी। उसका भी खाना-पीना तीसरे दिन छूट गया। उसे लगता था कि समरू ने व्यर्थ ही अपनी जान गँवाई। मृत मुश्तरी के प्रति उसके मन में इस समय अपार क्रोध था। उसी के कारण इस स्वर्ग की देवी को अपार कष्ट मिला है। लवसूल बेगम के आवास-गृह के बावले चक्कर लगाता था। वह चाहता था किसी प्रकार उसकी भेंट महबूबा से हो जाए और वह अपनी प्रार्थना बेगम साहिबा की सेवा में पहुँचा दे, हो सके तो वह स्वयं ही उनसे मिलने और प्रार्थना करने का अवसर पा जाए। लेकिन महबूबा बेगम साहिबा को पल-भर के लिए भी अकेला नहीं छोड़ रही थी। हारकर लवसूल टॉमस के पास आ गया, यद्यपि वह उसे पसन्द नहीं करता था।

टॉमस उसे देखकर बेरुखी से बोला, "क्या काम है?"

"मेरी आपसे यह गुजारिश है कि किसी तरह से बेगम साहिबा को मनाकर उन्हें ज़िन्दगी की रोज़मर्रा से फिर जोड़ दीजिए।"

"वक्त अपने-आप ही यह काम कर देगा। तुम अपनी फर्ज़-अदायगी की फिक्र करो।"

इस उत्तर से लवसूल मन-ही-मन चिढ़ उठा। उसे लगा कि टॉमस शैतान है। तड़ककर बोला, "मैं अपनी फर्ज-अदायगी ही कर रहा हूँ टॉमस साहब! जिस जहाज़ पर हम सबके नसीब आगे बढ़ रहे हैं वह जहाज़ ही डूबा जाता है। उसे बचाना ही हमारा सबसे बड़ा फर्ज़ है।"

"वह फर्ज़ मेरा है। तुम सिर्फ एक ही काम करके हुजूर बेगम साहिबा के दुखी दिल को थोड़ा-बहुत आराम पहुँचा सकते हो। जन्नत-मकानी नवाब साहब का वसीयतनामा मेरे हाथों में सौंप दो, ताकि बेगम साहिबा के दिल की दूसरी उलझन को मैं मिटा सकूँ।"

लवसूल तन गया, बोला, "देना होगा तो वह कागज़ मैं खुद बेगम साहिबा की नज़र करूँगा।"

"वह कागज़ तुम्हें मुझे देना होगा।" टॉमस अफसरी दंभ से बोला।

लवसूल क्रोध के मारे लाल हो उठा। बोला, "वह कागज़ उन हाथों में हरगिज़ नहीं सौंपा जा सकता जिन पर अपने आखिरी वक्त में नवाब साहब को तनिक भी भरोसा नहीं रह गया था।"

"खामोश, अपनी हैसियत समझकर बात करो! यह मत समझो कि समरू के दिए हुए उस कागज़ के टुकड़े से तुम जागीरे-सरधना के मालिक बन गए हो।"

"जिनके मन में असली चोर होता है वही दूसरों के दिलों में उसकी तलाश करने का ढोंग भी रचता है।"

"चोर तुम हो लवसूल..."

"मैंने चोरी ज़रूर की थी लेकिन अपना ईमान कभी नहीं छोड़ा था, और आपको तो समरू साहब ने मेरे मुँह पर दस बार बेईमान कहा था।"

टॉमस तनकर खड़ा हो गया। गुस्से से उसका चेहरा लाल हो उठा। बोला, "निकल जाओ! मैं तुम्हें नौकरी से बर्खास्त करता हूँ।"

"यह हक सिर्फ बेगम साहिबा ही को है। अपनी बकवास बन्द करो टॉमस! मेरा गर्म खून सिर्फ अदब के लिहाज़ से अपनी उबलन थाम रहा है, वरन..." तमंचा पेटी से निकलकर उसके हाथ में आ गया। घृणा और क्रोध से बावले हो रहे जार्ज टॉमस के अनुभव और विचारशीलता ने अन्तिम क्षण पर अपना संयम साधा। उसने कहा, "तमंचे का जवाब तमंचे से दिया जा सकता है लवसूल, मगर यह काम शराफत से होना चाहिए। हम इसी वक्त 'डुएल' के लिए मुकर्रर कर सकते हैं।"

"वक्त खुदा और ईमान की तरह हमेशा मेरे साथ और मेरी तरफ रहता है। तुम अपनी मौत का वक्त और हथियार चुन सकते हो।"

"चार बजे। और मैं समझता हूँ कि पिस्तौल की एक गोली ही तुम्हारी बदकारियों का किस्सा पाक करने के लिए काफी होगी।"

यह खबर फैलते देर न लगी कि टॉमस और लवसूल में आज ज़ोरों की ठन गई है, और गज़ब होनेवाला है। सब तरफ एक सनसनी-सी फैल गई। खबरें रुक न सकीं। मेरी और महबूबा तक भी पहुँचीं। बेगम साहिबा ने टॉमस को बुलवा भेजा। कमरे में सिर्फ चार ही थे, मेरी और महबूबा दरवाज़े पर खड़ी की गईं ताकि पूरी निगरानी रहे। निश्चिन्त होते ही जुआना बेगम के चेहरे से शोक का मुखौटा उतर गया। उसने टॉमस से सारी बातें पूछीं। सुनकर उसे लगा कि टॉमस ने ज्यादती की है। पहली बार उसके मन में यह खटका कि टॉमस से रिश्ता बाँधने में उसने जरा जल्दबाजी कर दी। आगरे का किला फतह करने के इनाम में टॉमस को अपना रूपदान करने के एक महीने पहले भी अगर लवसूल उसे मिल गया होता तब फिर वह हरगिज़ यह चूक न करती। टॉमस बेगम के सामने था और लवसूल उसकी कल्पना में। दोनों की समानता नहीं हो सकती। लवसूल बहुत सुन्दर है, जुआना के मन को परास्त कर देता है, जबकि टॉमस खुद जुआना के आगे परास्त हो जाता है। बेगम को इस बात ने भी बहुत छुआ कि लवसूल उसके लिए परेशान है। उसे लगा कि टॉमस का प्रेम लोक-व्यवहार से बँधा एक जगह पर निष्प्राण हो जाता है जबकि लवसूल अलौकिक प्रेमी आत्मा है। जुआना का मन लवसूल के ध्यान ने गुपचुप में बहुत मोह लिया और इसीलिए सब सुनकर जवाब देते समय उसके मन में बेरुखी आ गई। बोली, ''टॉमस, यह मत भूलो कि मुझे नवाब समरू के हत्यारे का नाम मालूम है। तुमने वह गुनाह किया जो मैं ख्वाब में भी नहीं कर सकती थी, फिर भी तुम्हें माफ किया। तुम्हें अपने शौहर की जगह दी है। क्या मेरे होने वाले शौहर को यह ज़ेब देता है कि वह हमारे एक निहायत ही सआदतमन्द भोले और बहादुर नमकख्वार से इस तरह झगड़ा मोल ले?''

''मैं उस बेवकूफ चोर की बदतमीज़ियाँ हरगिज़-हरगिज़ बर्दाश्त नहीं करूँगा जुआना।''

''वह तुम्हीं तो थे, जिसने कहा था कि मुझ पर बशीर खाँ का एहसान है। इसे नौकर रख लो।''

''मैंने गलती की थी।''

''लेकिन मैं गलत काम करने की आदी नहीं हूँ टॉमस! उस वक्त तुमने बेवकूफी की या नहीं, यह सवाल बहसतलब हो सकता है। मगर इस वक्त तुमने जो गलती की है वह जुआना के होनेवाले शौहर को ख्वाब में भी नहीं करनी चाहिए थी। तुमने मेरा सारा खेल ही बरबाद कर दिया। समरू ने लवसूल को वसीयत लिख दी, समरू लवसूल को अपने बेटे की तरह से चाहता था इसकी तुम्हें जलन थी। तुमने यह क्यों नहीं सोचा कि समरू जैसे होशियार दुश्मन को इस वक्त ज़िन्दा रहने की कितनी ज़रूरत थी? कैद के बाद उसकी मौत ने मुझे और तुम्हें दुनिया की नज़रों में किसी हद तक शक व शुबहे का बाइस बना दिया है। वह क्या इस वक्त हमारे लिए मुफीद हुआ? इतनी बेरहमी

से मुश्तरी की जान लेकर मैंने एक तीर से दो शिकार किए थे, एक तरफ लोगों में उभरते शक की निगाहें फोड़ी थीं और दूसरी ओर समरू को खुद-ब-खुद बुझने के लिए निकम्मा बनाकर हुकूमत हर तरफ से तुम्हारे हाथों में ऐलानिया सौंप देने की तरकीब साधी थी। लोगों को लगता कि जुआना बेगम अपने होशियार सिपहसालार की कद्र करती है, उनके चाहने का मतलब कुछ और न समझा जाए।''

''मैं पूछता हूँ कि अगर समझा भी जाए तो हर्ज क्या है, सियासी दुनिया में ऐसे बहुत-से खेल हुआ ही करते हैं।''

''खेल! (मुस्कराकर) बस यही तो मुझमें और तुममें फर्क है। मेरे लिए सियासत के खेल से ज़िन्दगी का खेल बड़ा है। सियायत के खेल को ज़िन्दगी में इस तरह से समा लें कि ज़िन्दगी का खेल अपने-आपमें एक फन बन जाए। ज़िन्दगी हुनरमन्दों का खेल है और हुनर मन की खूबसूरती की किरनों से ढलता है। जाओ टॉमस , वाल्टर तुम्हें आइरिश बुद्धू कहा करता था। लगता है वह बात सच है। अब मुझे मजबूर होकर उस लड़के को बुलाना पड़ेगा। तुमने देखा, मैंने कितनी सफाई से तुम्हें समरू की तमाम जायदाद का ज़िम्मा सौंपकर लवसूल के उस कागज़ को निकम्मा बना दिया था। तुम्हें लवसूल से जलन करने की ज़रूरत ही नहीं थी। उस बेचारे की वफादारी का यह सबूत क्या कुछ कम है कि वसीयत की रूह से समरू की जायदाद का मालिक बनकर उसने फौज को और सारी दुनिया को मेरे खिलाफ न भड़काया। और इससे भी ज्यादा यह कि मुझसे मिलने की इजाज़त लेने के लिए आला अफसर बनकर वह तुम्हारे पास आया।''

टॉमस गर्दन झुकाए सुन रहा था। जुआना बहुत तेज़ होकर उसे फटकार रही थी। फुसफुसाहट के स्वर में बातें होने पर भी वह तेज़ी से टॉमस की आत्मग्लानि को बढ़ा रही थी और उसकी वह ग्लानि अपने चरम बिन्दु पर तब पहुँची जबकि जुआना ने अपनी बात के अन्त में फटकारकर कहा, ''उस लड़के को खुद जाकर मुझसे मिलने का हुक्म दीजिए कि आज शाम को चार बजे वह मुझसे मुलाकात करे। और सुनिए, आज शाम को चार बजे आप अपने कमरे में रहेंगे, मेरी और जोज़फ की निगरानी में।'' टॉमस स्तब्ध-नत था। जुआना बेगम की फटकारों से वह अनुशासित मनुष्य बनकर बाहर लौटा।

जुआना अब अपने हसीन चेहरे पर तीसरे भाव का मुखौटा चढ़ाने बैठी। दिल की सात तहों के भीतर जुआना अब भी ईमान और इन्सानियत के हुस्न पर मरती है, मगर हठीली होने की वजह से बशीर खाँ से धोखा खाने के बाद उसने अपने-आपको पत्थर की तरह सख्त बनाना शुरू किया। बहुत ही सतर्कता से उसने अपने व्यक्तित्व की मूर्ति गढ़ी थी। किसी की न बनकर सिर्फ अपनी ही बनी रहने के लिए उसके सब काम इस खूबी से होते थे कि दुनिया यह समझे कि वह सबकी है। अपने इसी जीवन-नाटक को इस समय खूब सतर्कता से साधने के लिए जुआना अन्दर से सचेष्ट

हो उठी। वह जानती है कि पिछले तेरह वर्षों के अनेक झूठे भावों को सफलतापूर्वक साधने के बाद लवसूल को अपना सच्चा भाव स्वयं अपने से विवश होकर दिया। अपनी इस विवशता से वह मन-ही-मन दहल रही है। वह लवसूल को अपनी ओर अधिक-से-अधिक आकर्षित तो करना चाहती है पर वह यह हरग़िज नहीं चाहती कि उसके प्रति अपने आकर्षण भाव को वह तनिक भी उसके सामने प्रकट करे। इन दोनों ही चुम्बकों से खिंचकर उसके मन का लोहा लवसूल की रूह का पिंजरा बनने के लिए विचारों की भट्ठी में तपने लगा।

शाम के चार जुआना के लिए आज बड़ी देर से बजनेवाले हैं। जुआना की घड़ी उसके लिए बड़ी बेरहम हो गई है। लवसूल सारे दिन उसकी पलकों में घुलता रहा है। लवसूल के सामने अपने-आपको शोकमूर्ति बनाए रखने के वास्ते उसने आज सचमुच दिन में फलाहार नहीं किया। सचमुच ही दिन-भर पड़ी रही। मेरी और महबूबा से भी कोई खास बात न की। मेरी और उसका पति जोज़फ अफवाहों के माध्यम से उसके कुशलतम प्रचारक हैं और बहुत ही नमकहलाल भी हैं। और महबूबा दासी से अधिक उसका दूसरा आत्म रूप ही है। इन दोनों को जुआना एक क्षण के लिए भी नहीं छोड़ती लेकिन आज दिन-भर वे भी उसके होश से छूटी रहीं; सिर्फ लवसूल का ख्याल ही रहा। एक बार अपने बचाव की बारीक तरकीबों का बाड़ा लगा चुकने के बाद उसने अपने मन को तमाम दिन प्रेमी के ध्यान की निर्मल गंगा में तैरने, डुबकियाँ लगाने और तरावट लेने की भरपूर छूट दे दी।

आखिरकार चार बजे। जुआना ने महबूबा से पूछा, ''वह आया?''

''जी, वह तो काफी देर से बैठा हुआ आपके बुलावे की राह देख रहा है।''

महबूबा बाहर गई। जुआना उदासी ओढ़कर लेट गई। लवसूल कमरे में आहिस्ता कदम दाखिल हुआ। जुआना की बन्द आँखों में उसकी परछाईं आ गई, पर वह वैसे ही पड़ी रही। वह अपने उदास चेहरे का जादू डाल रही थी। लवसूल उस गहरे उदास चेहरे को देखता, और अधिक न देख पाने की मजबूरी में आँखें झुका लेता; फिर पलक-झलक देखता और दुख-भार से नज़रें झुक जातीं; बाहर न निकल पाने की वजह से आह कलेजे में तेज़ी से धँस जाती।

थोड़ी देर तक यह असर डालकर जुआना ने आँखें खोलीं। गहरी उदासी की फीकी मुस्कान होठों पर खींचकर सूनी आँखों से देखते हुए कहा, ''आ गए मेरे हमदम!'' कहते हुए आँखें कटोरी-सी भर आईं। लवसूल अपने-आपको सँभाल न पाया, उसकी भी आँखें भर आईं। एक क्षण तक आँसू आँसुओं को देखते रहे, जुआना बिलखकर बोली, ''हमारा और तुम्हारा सरपरस्त चला गया लवसूल! हम यतीम हो गए।'' कहकर जुआना तकिये पर सिर डालकर फूट-फूटकर रो पड़ी।

''हुजूर!... '' एक डग आगे बढ़कर बस इतना ही कह पाया, फिर गला रुँध गया, बड़ी कठिनाई से अपना स्वर साधकर बोला, ''धरती अगर यों ज़लज़लों से

भर उठेगी तो उस पर रहने वालों का क्या हश्र होगा!...आपके आँसू हमें डुबाए दे रहे हैं बेगमे-आलिया।''

''अब जीने की तमन्ना नहीं रही लवसूल! जिसने हाथ पकड़कर एक दिन मुझे दलदल से उबारा था वही अब कुएँ में ढकेलकर चला गया। मुझसे नाराज़ थे तो जान भी मेरी ही लेते, खुदकुशी क्यों की?'' कहकर जुआना फिर बिलख-बिलखकर रो पड़ी।

''पछतावे में हुज़ूर, पछतावे में। उस बदकार औरत ने यकीनन किसी दुश्मन की शह पाकर नवाब साहब के मन में आपके खिलाफ ज़हर घोला था। मेरा दिल कहता है कि यह काम बड़ी बेगम और उसके साहबज़ादे का है। हुज़ूर नवाब साहब यकीनन अपनी भूल समझ गए थे, और इसी वजह से उन्होंने मेरे नाम वसीयत लिखने की दूसरी भूल की।''

''वह उनकी भूल नहीं थी लवसूल। अपनी गलती को सुधारने का एक शानदार तरीका था। नवाब साहब मुझ यतीम को तुम्हारे ही सहारे छोड़ गए हैं।''

जेब से वसीयतनामा निकालकर जुआना बेगम के कदमों में उसे रखते हुए लवसूल ने कहा, ''मेरी नादानी माफ करें बेगमे-आलिया। मिस्टर जार्ज टॉमस के माँगने पर भी मैं यह चीज़ उनके हाथों में न दे सका। इसके लिए हुज़ूर मुझे जो मुनासिब सज़ा देना चाहें, दे सकती हैं।''

अकेलापन रहते हुए भी बेगम साहिबा ने अपनी आवाज को और भी दबाकर लवसूल से कहा, ''तुमने सही काम किया। और यह वसीयतनामा अपने ही पास रखो।''

''नहीं हुज़ूर, यह आपका है।''

''हाँ-हाँ, मेरा ही है और तुम भी मेरे ही हो लवसूल! लो, और इसके साथ-ही-साथ मेरा हाथ भी थाम लो मेरे हमदम! खुदा और यीशु के बाद अब तुम्हीं मेरा सहारा हो।''

लवसूल भावावेश में जाकर सामने घुटनों के बल बैठ गया और विलायती तरीके से बाअदब उसका हाथ चूमकर उसकी उँगलियों को अपनी आँखों से लगाकर बोला, ''आपके इस करम को कभी नहीं भूलूँगा हुज़ूर। आपने अपना भरोसा देकर मुझे वह दौलत दी है जिसके आगे दुनिया की हर मिल्कियत हेच है। लेकिन हुज़ूर का यह हुक्म तभी मानूँगा जबकि हुज़ूर मेरी अर्जी कबूल फरमाकर दस्तरख्वान पर अपनी जूठन गिराएँगी।''

''नहीं लवसूल, ऐसे किसी काम के लिए इसरार न करो जिसे मैं कर न सकूँ।''

''बजा है हुज़ूर! आपके कदमों पर चलकर मैंने भी आज कुछ नहीं खाया और आगे के लिए भी यही रास्ता अख्तियार करूँगा।''

''मेरे दुख में और दुख न बढ़ाओ, तुम्हें मेरी कसम है लवसूल। महबूबा!'' उसके पास आने पर बेगम ने कहा, ''समझा अपने नन्हे-मुन्ने को, इसने खाना नहीं खाया है।''

"नन्हे को समझाऊँ कि मुन्नी को? माफ करना लब्बू मियाँ, अकेले में मैं इन्हें मुन्नी ही कहती हूँ। यह मेरी मलिका भी है और अज़ीज़ुल अज़ीज़ गुड़ियाँ भी। गम का बोझ खुदा जिस पर डाल दे, उसे सहना ही पड़ता है। तीन दिन हो गए बगैर खाए-पीए इन्हें। मेरी लाख कही भी ये नहीं मान रही हैं। अच्छा है, नवाब साहब तो चले ही गए, हम दोनों भी जाने की तैयारी ही कर रही हैं, चलो अब तुम भी हमारे साथ हो गए लब्बू मियाँ।...खुदा जो दिखलाएगा वह तो देखना ही पड़ेगा।"

"महबूबा, बातों में वक्त न गँवा। इनके वास्ते खाने को कुछ ले आ। वरना इस सदमे से तो मेरा दम ही निकल जाएगा।"

"जैसे तुम कह रही हो, वैसे ही लब्बू मियाँ भी कहेंगे। दो हठीलों को मुझे सौंपकर बशीर मियाँ मेरे गले में अच्छी फाँसी डाल गए हैं, हाँ नहीं तो! मैं लाती हूँ लब्बू मियाँ। इन्हें खिलाने का ज़िम्मा तुम्हारा है।"

महबूबा चली गई। बेगम साहिबा पलंग से उतरीं और लवसूल के गाल पर एक मीठी चपत मारकर प्यार से देखते हुए मुस्कराकर कहा, "महबूबा के नन्हे-मुन्ने, तू बड़ा ज़ालिम है।"

लवसूल के लिए यह नज़र और यह प्यार बड़ा ही रूहानी था। उसे लग रहा था कि जैसे उसे ईसा की माँ का दुलार मिल रहा हो। भावुक होकर उसने कहा, "हुज़ूर की यह मेहरे-नज़र सारी उम्र मुझे मिलती रहे। मेरी बात की लाज रखकर आज आपने मुझे इस दुख में भी सबसे बड़ा सुख दिया है।" लवसूल की आँखें कहते हुए छलछला उठीं।

महबूबा कुछ फल और मेवे लेकर आ गई। जुआना बेगम ने बड़े नाज़ और इसरार के साथ सन्तरे की एक फाँक नमक लगाकर पहले महबूबा को अपने हाथ से खिलाने का नाटक साधकर फिर लवसूल को भी अपने ही हाथों बड़े प्यार से खिलाया, इसके बाद आप खाया। इस खाने-पीने के माहौल में तीनों एक कुटुम्ब हो गए। लवसूल का जीवन धन्य-धन्य हो उठा।

पन्द्रह

बेगम साहिबा को फिर से दैनिक जीवन के क्रम की ओर मोड़कर लवसूल को अपने भीतर एक अलौकिक आस्था मिल गई थी। इसी बीच में जुआना बेगम ने आगरा छोड़कर सरधना वापस जाने के लिए दिल्ली-दरबार से आज्ञा माँगी। नवाब समरू के साथ ही आगरे की सूबेदारी समाप्त हो चुकी थी। बेगम ने पूर्व प्रबन्ध करने के लिए लवसूल ही को सरधना भेजा। उसे यह भी आदेश दिया था कि समरू का बेटा जफरयाब यदि उसके प्रबन्ध में कोई विशेष अड़चन डाले तो वह समरू के दत्तक

पुत्र की हैसियत से उसे कैद भी कर सकता है। बेगम ने दिल्ली दरबार के प्रभावशाली व्यक्तियों को भी अपने स्वर्गीय पति की वसीयत के सम्बन्ध में सूचना भेज दी थी जिसमें लवसूल की स्वामिभक्ति और योग्यता की बड़ी बड़ाइयाँ भी बखानी गई थीं।

लेकिन लवसूल को समरू की वसीयत का तनिक भी लोभ न था। पिछले डेढ़ वर्षों में उसने जुआना बेगम का विश्वास पाने की जो एकान्त कामना की थी वह प्रतिफलित हो चुकी थी। टॉमस के प्रति अब उसकी घृणा और भी बढ़ गई थी। जुआना बेगम उसकी दृष्टि में सदा ही सत्य, धर्म और पतिव्रत की साक्षात् प्रतिमा रही थी। अब अपने शोक-प्रदर्शन और विश्वासदान के बाद तो वह उसकी नज़रों में और भी अधिक ऊँची उठ गई थीं। जिस 'नन्हे-मुन्ने' शब्द से वह महबूबा पर नाराज़ हो जाया करता था वह सम्बोधन बेगम साहिबा के श्रीमुख द्वारा होने पर लवसूल सचमुच ही खुद अपनी नज़रों में भी 'नन्हा-मुन्ना' बन गया था, और यह नन्हा-मुन्नापन उसकी ज़िम्मेदारी के बोध को बालिग बना रहा था। वह नवाब और बेगम की जागीर-जायदाद की रक्षा यक्ष की भाँति करेगा। नवाब समरू की विधर्मी पत्नी और पुत्र तथा दुष्ट टॉमस को वह इस पर अपने दाँत हरगिज़-हरगिज़ नहीं गड़ाने देगा। यह सम्पदा पवित्र है। भारत में ईसाई साम्राज्य की स्थापना का पहला चरण है। धर्म का साम्राज्य जुआना बेगम के द्वारा ही स्थापित होगा, और वह बेगम साहिबा के प्रमुख सहयोगी के रूप में सारे ईसाई जगत् मे विख्यात हो जाएगा। टॉमस यह महत्त्व हरगिज़ न पा सकेगा–लवसूल उसे हरगिज़ पाने न देगा।

लवसूल के मन में जार्ज टॉमस के प्रति ईर्ष्या का भाव पिछले कई महीनों से सकारण ही उत्पन्न हुआ था। जुआना बेगम टॉमस पर अत्यधिक विश्वास करती थी। राजनीति के सारे सूत्र टॉमस के हाथ में थे। टॉमस के प्रति समरू नवाब की घृणा ने उसके ईर्ष्या भाव को और भी पुष्ट किया था। समरू की वसीयत तथा जुआना बेगम के प्रेमपूर्ण व्यवहार ने लवसूल की हीन भावना को एकदम गायब कर दिया। उसके मन में कभी-कभी यह विचार भी ज़ोर से उठ आता था कि स्वर्गीय नवाब साहब उसे अपना धर्मपुत्र घोषित कर गए हैं, उसके सामने टॉमस की कोई हस्ती नहीं है। समय आने पर एक दिन टॉमस को निकाल बाहर करेगा। उसे द्वन्द्व-युद्ध की चुनौती देने के बाद बेगम साहिबा की लताड़ से टॉमस को मुँह की खानी पड़ी, इस बात की खुशी लवसूल को मन-ही-मन हिंसक बना रही है। उस दिन के बाद से उसने टॉमस से बात करना तक छोड़ दिया था, उसे देखकर वह अपना मुँह फेर लेता था।

जुआना बेगम का काफिला सरधना पहुँच गया। बेगम ने टॉमस को अपनी जागीर का दफ्तर सँभालने का आदेश दिया। जफरयाब खाँ अपनी सौतेली माँ से मिलने तक न आया। लवसूल से तो वह बेहद चिढ़ा हुआ था। एक दिन पूरे उत्पात की मुद्रा में आकर उसने टॉमस से कहा कि औरस पुत्र होने के नाते अपने पिता की गद्दी पर उसे प्रतिष्ठित करने का प्रबन्ध जल्द-से-जल्द होना चाहिए।

टॉमस ने कहा, "आप हुजूर बेगम साहिबा से इसकी निस्बत बात कर लेते तो ज्यादा मुनासिब होता।"

"हम हर किसी से बात नहीं कर सकते। तुम हमारे सिपहसालार हो। लिहाज़ा तुम्हें अपनी गद्दीनशीनी के माकूल और शानदार इन्तज़ाम करने का हुक्म देता हूँ।"

टॉमस ने अदब का पूरा नाटक साधकर उत्तर दिया, "मैं आपका नमकख्वार हूँ, लेकिन दिक्कत यह है कि जन्नतमकानी हुजूर नवाब साहब ने हमारे नायब सिपहसालार लवसूल को अपना वारिस मुकर्रर किया है। देहली के दरबार में यह खबर पहुँचाई जा चुकी है। हम अब मजबूर हैं। बादशाह सलामत ही इसका फैसला कर सकते हैं।"

जफरयाब खाँ यह सुनकर गुस्से से आगबबूला हो उठा और एक ज़बान से कहनी न कहनी हज़ार बातें बक चला। टॉमस कमरा छोड़कर चला गया।

पूरे महल में जफरयाबखाँ गुस्से में यह बकता फिरा कि वह समरू नवाब का असली बेटा और वारिस है। वह अपने हर दुश्मन का सर कलम करवा देगा। सेना के सिपाहियों के बीच में जाकर वह बग़ावत करने के लिए भड़काता था और बेगम तथा टॉमस के इशारे पर सिपाही उसका मज़ाक उड़ाते थे। तमाम दिन वह बावला बना डोलता रहा, हर किसी के मज़ाक का पात्र बना रहा। किसी ने एक बूँद पानी तक के लिए न पूछा। शाम के वक्त जब वह थककर एकदम निढाल हो चुका और मन के क्रोध ने उसे तपा-तपाकर खुद अपनी ही नज़रों में पस्त कर दिया तब बेगम साहिबा के आदेश से लवसूल उसके सामने आया। दस सिपाही उसके साथ थे। लवसूल ने उससे कहा, "अगर आप अपनी ज़बान बन्द न करेंगे तो नवाब जनरल वाल्टर रेनहार्ड के गोद लिये बेटे और उनके वारिस की हैसियत से मैं आपको मुनासिब सज़ा देने में हरगिज़ गुरेज़ न करूँगा।"

सुनते ही जफरयाब खाँ उछलकर खड़ा हो गया और भेड़िये की तरह गुर्राकर बोला, "विलायती बदमाश, मैं तेरा खून पी लूँगा।" उसके लवसूल की तरफ झपटते ही सिपाहियों ने बढ़कर उसे पकड़ लिया। बिगड़े बच्चे की तरह सिपाहियों की बाँहों पर उठा हुआ बेबस जफरयाब खाँ हाथ-पैर पटकता रहा। एक छोटे-से सजे हुए कमरे में, उसे पहुँचाया गया और गुदगुदे पलंग पर पटक दिया गया। सिपाही लवसूल के साथ बाहर चले गए। चलते समय लवसूल ने उसे धमकी दी, कहा, "अगर बाइज़्ज़त ज़िन्दा रहना चाहते हो तो खामोशी अख्यितार करो। वरना मेरे सिपाही तुम्हें उठाकर नीचे खाई में फेंक देंगे। सुन लिया? सुना कि नहीं?" कहते हुए लवसूल ने तमंचा निकालकर उसकी छाती पर अड़ा दिया। डर से पागल होकर वह चीखने लगा और चीखता ही चला गया। लवसूल बाहर निकल आया। थोड़ी देर कमरे में सन्नाटा रहा। जफरयाब खाँ में उठने की ताब तक नहीं रही। दिनभर की भूख-प्यास और निकम्मा अपमान सहते-सहते वह अब अपने मन-ही-मन में टूट चुका था।

कमरे में खूबसूरत बाँदियाँ शराब और गजक लेकर आईं। मेरी उनके साथ थी। जफरयाब खाँ उन्हें देखकर अपनी आँखें मींच और मुर्दे के मानिन्द पड़ा रहा। यह देखकर मेरी ने फुसफुसाहट-भरे अंदाज़ से कहा, ''नवाब साहब आराम फरमा रहे हैं, देखना इन्हें किसी किस्म की तकलीफ न होने पाए और कोई फौजी अफसर हुज़ूर के आराम में खलल डालने के लिए यहाँ हरगिज़-हरगिज़ न आने पाए। हुज़ूर जब जागें तो उनकी पूरी खातिर की जाए, घर के मालिक की तरह, समझीं तुम लोग।''

जफरयाब खाँ ने फिर भी आँखें न खोलीं। मेरी ने फिर कहा, ''किसी फौजी अफसर की तरफ से अगर कोई खाने-पीने की चीज़ आए तो उसे लेकर बाहर फेंक देना। यह शराब जब खत्म हो जाए तो मुझी से माँगना। मैं जाती हूँ। नवाब साहब जागें तो बतला देना कि उनकी एक पुरानी नमकख्वार उनकी खिदमत में हाजिर हुई थी। नवाब साहब अगर मुझसे निकाह पढ़वाने को राज़ी हो जाएँ तो मैं जन्नतमकानी नवाब साहब का वसीयतनामा चुराकर उनकी खिदमत में पेश कर दूँगी। जैसे हुजूर बेगम जुआना ने बड़े नवाब साहब की खिदमत की थी वैसे ही मैं उनकी खिदमत करूँगी और यह सूबेदारी उन्हें दिलवाकर ही दम लूँगी।''

जफरयाब खाँ आँखें मींचे सुनता रहा। दिन-भर का भूखा-प्यासा था और गद्दीनशीनी की भूख के लिए भी उसे एक सहारे की ज़रूरत थी। उसकी तबीयत हुई कि आँखें खोलकर अपने ऊपर दया करनेवाली स्त्री को देखे, पर मन के मान के कारण वह ऐसा न कर सका। मेरी उसका रुख देखकर मुस्कराई। पलंग के पास से हटते समय उसने एक दासी के काम में कुछ कहा और बाहर चली गई। निर्देश पाई हुई दासी ने पलंग पर लेटकर नवाबज़ादे पर शोखी से लदकर अपने चुम्बनों से उसका उपचार आरम्भ किया। सभी दासियाँ आपस में जफरयाब खाँ के लिए अपनी जानें तक कुर्बान कर देने की कसमें खाने लगीं। भोले नवाबज़ादे के लिए यह मन को तरावट देनेवाला धोखा उम्दा जाल साबित हुआ। थोड़ी ही देर के बाद वह बहकने लगा।

बेगम जुआना समरू का काम बन चुका था। उसकी सेना की दृष्टि में जफरयाब खाँ नये सिरे से निकम्मा पागल सिद्ध किया जा चुका था। बेचारा शराब के नशे में बार-बार उन बाँदियों से यह पूछता ही रहा कि उन सबको लेकर आनेवाली औरत कौन थी? मगर सही उत्तर वह न पा सका, झूठों से वह बहलाया जा रहा था।

सोलह

रात के समय बेगम साहिबा ने टॉमस और लवसूल दोनों ही को खाने पर बुलाया था। कमरे के बाहर सख्त पहरे का इन्तज़ाम था। कमरे के अन्दर केवल अति विश्वस्त दास-दासियों को ही सेवार्थ आने-जाने की आज्ञा मिली थी। बेगम ने कहा, ''हमारे सामने इस वक्त दो अहम सवाल दर पेश हैं। एक तो जफरयाब खाँ को काबू में

रखना और दूसरे, हिन्दुस्तान की सियासत को अहमदशाह अब्दाली के ज़बर्दस्त शिकंजे से बाहर निकालकर उसे अपने हाथों में लेना।

टॉमस बोला, ''हुजूर की राय से मैं इत्तफाक रखता हूँ।''

''लेकिन इसके पहले यह अजहद ज़रूरी है टॉमस, कि तुम दोनों आपस में इत्तफाक रखो। घर की यह फूट हमारे हाथ-पाँव ढीले किए डाल रही है। (निःश्वास) और हिन्दोस्तान के मौजूदा हालात पर हम जितना ही गौर करती हैं, हमारी रूहानी तकलीफ दिन-ब-दिन उतनी ही बढ़ती चली जाती है। हिन्दोस्तान का शहंशाह दर हकीकत आज अब्दाली ही है। वह लुटेरा विदेशी हमारी आपसी फूट का फायदा उठाने के लिए ही आता है। पानीपत के मैदान में नवाब शुजाउद्दौला ने हिन्दू मराठों को पस्त करने के लिए हिन्दू बैरागियों की फौज से काम लिया था। मुगल दरबार के मुसलमान सरदार आपस ही में कटे मरते हैं। बूढ़ा बादशाह शाहआलम अपने तैमूरी जोश और बहादुरी के बावजूद निकम्मा साबित हुआ। इधर अंग्रेज़ भी हमारे बड़े लोगों की आपसी फूट का फायदा उठा रहे हैं। ऐसी हालत में तुम दोनों आपस में रंजिश रखकर मुझे और साथ-ही-साथ हिन्दोस्तान को भी खाक में मिला दोगे। हमारा ईसाई हुकूमत करने का ख्वाब सिर्फ ख्वाब की रह जाएगा, तब तुम लोगों की बहादुरी फिर किस काम आएगी लवसूल? इससे अच्छा होगा कि तुम लोग चूड़ियाँ पहनकर हरम में बैठो और औरतों की तरह आपस में लड़ो। वक्त आने पर हम ही मर्द बनकर तलवार उठाएँगी।''

टॉमस गर्दन झुकाए सुन रहा था, बोला, ''कसूर मेरा नहीं बेगम साहिबा! आप जो हुक्म फरमाएँगी उसे बसरोचश्म बजाने में अपनी जान तक कुर्बान करने के लिए यह गुलाम हर वक्त हाज़िर रहा है और आगे भी रहेगा। मुझे लवसूल से भी निजी तौर पर कोई शिकायत नहीं है। यह ज़हीन है और वफादार भी, मगर इसे यह भी तो समझना चाहिए कि मैं उम्र और ओहदे में इससे बड़ा हूँ।''

लवसूल कुछ कहने ही जा रहा था कि जुआना बोल उठी, ''सहारनपुर के नवाब गुलाम कादिर खाँ का आदमी आज दिन में मेरे पास आया था, यह तो तुम्हें मालूम ही होगा लवसूल?''

''जी हाँ, बेगमे-आलिया।''

''क्या तुमने यह भी सोचा लवसूल, कि गुलाम कादिर के आदमी का इस मौके पर आना बेमानी न होगा?''

लवसूल चुप होकर उसकी ओर देखता रहा। जुआना बोली, ''जानते हो उसने क्या पैगाम भिजवाया था? गुलाम कादिर चाहता है कि मैं उसे बेटे की तरह से मानूँ और दरबारे-देहली की मौजूदा सियासत को खत्म करके मुल्क का इन्तज़ाम अपने हाथों में ले लूँ। इस काम में गुलाम कादिर खाँ मेरी पूरी मदद करेगा।''

''लेकिन हुजूरे-आलिया, मुझे लगता है कि यह उसकी एक चाल है।''

लवसूल की इस बात पर मुस्कराकर बेगम ने कहा, "ठीक वैसी ही जैसे कि मेरे जन्नतमकानी शौहर ने तुम्हें अपना बेटा और वारिस बनाकर हमें और टॉमस को मुफ्त ही में फँसाने की बनाई थी। वह तो कहो, तुम्हारी वफादारी ने तमाशा खड़ा न करने दिया, वरना आज हम मुश्किलों से गुज़र रहे होते। टॉमस को इससे नसीहत लेनी चाहिए थी, मगर हमें इस बात का सख्त अफसोस है कि इतने होशियार, तजुर्बेकार और बहादुर होकर भी वे तुमसे नाहक जलते हैं।"

टॉमस कुछ न बोला। गर्दन झुकाए सुनता रहा। लवसूल को इस बात की बेहद खुशी थी कि टॉमस को फटकारा जा रहा है। उसे और भी अधिक खुशी होती अगर यह फटकार मीठी न होकर सख्त होती। लेकिन उसी समय टॉमस संयत स्वर में बोला, "योर हाईनेस, इस मसले को तूल न देकर मैं यह अर्ज़ करूँगा कि गुलाम कादिर खाँ की बात को हर पहलू से देख लिया जाए। जहाँ तक मेरे और लवसूल के बीच का सवाल है मैं यकीन दिलाता हूँ कि मेरी तरफ से आपको कोई भी शिकायत करने का मौका आइन्दा नहीं मिलेगा। लवसूल को मैं अपने छोटे भाई की तरह मानता हूँ और आगे भी मानूँगा।"

जुआना की आँखों में खुशी की चमक आ गई, बोली, "तुमने यह कहकर मेरा दिल ले लिया टॉमस, बस अब तुम मेरी राय में कल सुबह ही फौज लेकर लाल किले की हिफाजत के लिए दिल्ली चले जाओ। गुलाम कादिर खाँ का आदमी कल दोपहर तक यहाँ खातिरदारियों से बहलाया जाता रहेगा। जब तक यह रुहेला मेरे जवाब के इन्तज़ार में रहेगा तब तक तुम देहली की हिफाजत का इन्तज़ाम बखूबी कर लोगे।"

लवसूल को यह अच्छा न लगा। बेगम अगर उसे फौज लेकर देहली जाने का हुक्म देतीं तो बात कुछ और होती, मगर यों तो उसे अपनी कारगुज़ारी दिखाने का मौका ही न मिल सकेगा। ईर्ष्या के झोंके में एक घूँट शैम्पेन का लेकर वह कहने लगा, "क्या यह मुनासिब न होगा कि हम रुहेलों के इस दावतनामे को मंजूर कर लें। हम इससे इनकार नहीं कर सकते कि देहली का बादशाह अब महज खेतों में खड़ा किया जानेवाला धोखा भर ही रह गया है। हिन्दोस्तान में मुकद्दस ईसाई हुकूमत कायम करने के लिए यह एक सुनहरा मौका आया है।"

"लेकिन यह न भूलो लवसूल, कि अंग्रेज़ तुम्हारे ख्वाब पर खुद भी घात लगाए बैठे हैं। वह बादशाह की मदद को दौड़े चले आएँगे।" टॉमस ने कहा।

"और अहमदशाह अब्दाली भी इस मौके पर उनकी मदद करने से न चूकेगा। देहली को कमज़ोर बनाए रखकर अपना उल्लू सीधा करने में ही उसे भी सहूलियत होगी।"

"अब्दाली कुछ नहीं कर सकता हुजूरे-आलिया, और अंग्रेज़ों को भी बखूबी शिकस्त दी जा सकती है। हिन्दोस्तान के अमीरो-उमरा..."

''कमज़ोर, नाकाबिले-ऐतबार हैं।'' बेगम ने फौरन लवसूल की बात काटकर कहा, ''और फर्जकर्दम, हम यह भी मान लें कि गुलाम कादिर हमें धोखा नहीं दे रहा है, तब भी वह कम-अक्ल तो साबित हो ही जाता है। वह यह नहीं समझता कि तख़्ते-तैमूर के उलटते ही हिन्दोस्तान की हुकूमत फिर किसी हिन्दोस्तानी के हाथ में नहीं आएगी। या तो अब्दाली उसे हड़प जाएगा या फिर अंग्रेज़। हम अपने ही हाथों से अपने मुल्क को दुश्मनों के हाथों में सौंपने को हरगिज़ तैयार नहीं। टॉमस, कल सुबह पौ फटने से पहले ही तुम देहली की ओर कूच कर देना।''

लवसूल मन-ही-मन कुण्ठित हो गया। नया यश पाने का यह मौका भी टॉमस ही को दिया जा रहा है, जबकि लवसूल सेना का कमाण्डर नियुक्त किया जा चुका है। रूखे स्वर में बोला, ''और मेरे लिए क्या हुक्म होता है योर हाईनेस?''

''तुम्हारा यहीं रहना ज़रूरी है। मुझे और आगरे को लावारिस छोड़कर तुम नहीं जा सकते हो।'' बेगम लवसूल की गुप्त ईर्ष्या को भाँप गई थी। वह उसे खुश करना चाहती थी। लेकिन बड़ी ज़िम्मेदारी का काम केवल जार्ज टॉमस ही को सौंपना चाहती थी। उसके मन में एक चोर खयाल यह भी आ गया था कि टॉमस के आगरे में न मौजूद रहने पर वह लवसूल के साथ अपना मन बहलाने का मौका भी शायद पा जाए। एक तीर से दो शिकार करने की चतुराई साधकर उसने कहा, ''टॉमस देहली में अपने जादू का कमाल दिखलाएँगे और तुम यहाँ पर मुझसे सियासत का जादू सीखोगे लवसूल। तुम्हारी वफादारी को अभी तजुर्बे की आँखें नहीं मिल सकीं। बल्कि...टॉमस, जाओ अब आराम करो। मैं लवसूल के मन से डाह के उस भूत को इस वक्त झाड़कर ही रहूँगी जो इसे सही ढंग से सोचने भी नहीं देता। नादान कहीं का।'' कहकर उसने बेसाख्ता तेज़ प्यार-भरी कनखी से लवसूल को देखा। वह नज़र टॉमस के मन में डाह पैदा कर गई और होशियार बेगम को तुरन्त ही अपनी चूक का एहसास भी करा गई। जुआना ने तुरन्त ही अपनी बात पर और गहरा रंग चढ़ाया, बड़े प्यार से टॉमस की तरफ देखकर कहा, ''तुम्हें मालूम है टॉमस, महबूबा इसे क्या कहती है—नन्हा-मुन्ना। मैं इस नन्हे-मुन्ने को ज़रा बालिग बनाऊँगी ताकि वह मेरे टॉमस की कद्र कर सके।''

टॉमस के दिल पर मरहम लग गया। लेकिन लवसूल से मिलने की बात पर उसकी ईर्ष्या कामना बनकर भड़की। उसकी भी तबीयत हो आई कि वह जुआना के साथ सुखद प्यार की रात बिताकर ही देहली जाए। कुर्सी से उठते हुए अदब से झुककर उसने कहा, ''तो फिर मैं आपसे इजाज़त लूँ योर हाईनेस।''

''सिधारो और सुर्खरू होकर लौटो।''

''गुस्ताखी मुआफ, एक बात अर्ज़ करना चाहता हूँ। प्यारे लवसूल, बगैर बुरा माने क्या तुम हुजूर की खिदमत में एक दरख्वास्त पेश करने का मौका मुझे दे दोगे?''

''हाँ-हाँ, बड़े शौक से।'' कहकर वह कमरे से बाहर जाने लगा। जुआना ने

उसे रोककर कहा, बाहर जाने की ज़रूरत नहीं नन्हे-मुन्ने। तुम जमुना में चाँद की परछाई को नहाते देखकर तब तक अपना मन बहलाओ।''

लवसूल के पीछे मुड़ते ही टॉमस ने झुककर जुआना से कहा, ''क्या आपने इस भिखारी को आज रात...''

''नहीं, अभी नहीं प्यारे, लौटकर आओगे तब। जाओ, वह शक करेगा।''

टॉमस एक ठंडी साँस लेकर चला गया।

अष्टमी का आधा चाँद जमुना के ऊपर मानो लटक रहा है। टॉमस के जाने पर लवसूल ने जुआना की ओर मुड़कर देखा तो उसके मुख का निचला भाग कमरे के प्रकाश में अष्टमी के चन्द्रमा जैसा ही आधा झलक रहा था। जुआना के मन का खेल भी वैसा ही अधूरा था। शोक की काली पोशाक में जुआना का सौंदर्य और अधिक खिल उठा था। बड़े अन्दाज़ से वह कुर्सी छोड़कर उठी और लवसूल की ओर बढ़ने लगी। लवसूल भी अदब से उसकी ओर बढ़ा। जुआना का चेहरा एकान्त में अपने प्रिय के मुख को चाहना-भरी दृष्टि से देखकर अपने अन्दर की खुशी से बेपनाह-बेहोश होकर खिल उठा। मन का जोश यह तय कर उठा कि आज इस अधूरे चाँद को पूरे तौर पर अपना बनाकर जुआना अपने दिल की दुनिया में हर तरफ सुख की चाँदनी फैलाएगी। प्यार से उसकी पीठ पर हाथ रखकर अपने साथ-ही-साथ उसे भी जमुना की तरफ वाले दरवाज़े की ओर बढ़ाने लगी। देह का स्पर्श उसे नशीला बनाता चला जा रहा था। लवसूल को उसी तरह पकड़े हुए वह एक मिनट मौन होकर बाहर का दृश्य देखती रही, फिर बड़े भाव से उसकी पीठ दबाते हुए बोली, ''तुम्हारे पास रहने से मेरी रूहानी दुनिया इतनी पुरसुकून, इतनी हसीन हो जाती है कि खुद मुझे ही अपने अन्दरवाली जुआना से हसद होने लगती है। तुम्हें पाकर लगता है कि अब मुझे और कुछ भी नहीं चाहिए...'' कहते-कहते होश आया, मन सावधान हुआ, तुरन्त ही बात को घुमाकर आगे बढ़ाया, बोली, ''एक वफादार जाँनिसार बहादुर का सहारा औरत को मुकम्मिल मर्द बना देता है—जैसे मेरी महबूबा के इस नन्हे-मुन्ने ने मुझे बना दिया है।'' कहते हुए लवसूल की पीठ पर रखा हुआ जुआना का हाथ सरकते हुए उसकी गर्दन पर पहुँच गया और 'नन्हे-मुन्ने' कहते समय उसकी गर्दन अपनी ओर मोड़कर वह आनन्द से खिलखिला गई।

लवसूल के लिए यह स्पर्श, ये नज़रें अब कुछ-कुछ कहने लगी थीं, और इससे उसके दिल की धड़कनें बढ़ गई थीं, लेकिन लवसूल अपने मन में अभी यह ठीक-ठीक समझ नहीं पाया था कि बेगम के इस व्यवहार का अर्थ क्या है। यह कल्पना वह अब भी नहीं कर सकता था कि जुआना बेगम को उससे इश्क हो गया है। जुआना के प्रति उसकी भक्ति उसे यह विश्वास नहीं करने देती थी। हाँ, यह आशंका अवश्य हुई कि बेगम साहिबा उसकी परीक्षा ले रही हैं और वह मन-ही-मन सचेत हो गया। शब्द तौल-तौलकर उसने कहा, ''बेअदबी मुआफ, अभी तो इब्तदा ही है, हुजूर को मलिका-ए-आलम होना अभी बाकी है।''

लवसूल की गर्दन से अपना हाथ हटाकर बेगम ने अर्ध गम्भीर भाव से हँसते हुए कहा, ''इन्सान के दिल में एक पूरा आलम होता है। तुम्हें पाकर मैं सचमुच ही मलिकाए-आलम हो गई हूँ।''

लवसूल के मन का शक पक्का हो गया कि बेगम साहिबा सचमुच ही उसके चरित्र की परीक्षा ले रही हैं। यह आशंका उसके संयम को कठोर बनाने लगी और उस कठोरता में टॉमस के प्रति उसकी ईर्ष्या जागी, बोला, ''हुजूर ने अपनी वफादारी का सबूत पेश करने के लिए अभी मुझे मौका ही कहाँ दिया? खुशनसीब तो टॉमस है, जिसे...''

''पागल हो तुम मेरे नन्हे-मुन्ने, तुम औरत के दिल की मजबूरी को नहीं समझ सकते।''

''हुजूर की मजबूरी को मैं समझता हूँ। टॉमस ने हुजूर के मन का भरोसा पा लिया है और वह भरोसा ही उसे नई-से-नई कामयाबियाँ भी दे देता है। पुराने लोग सच ही कह गए हैं कि फरिश्ता अगर गधे को भी पुचकार दे तो वह रुस्तमे जमाँ बन जाता है। मैं बदनसीब तो टॉमस से भी गया-गुज़रा हूँ।''

जुआना अदा से हँस पड़ी, कहा ''तुम्हारी इन भोली बातों ने कई हफ्तों के बाद आज मेरा दिल फिर हरा-भरा कर दिया। नींद तो नहीं आ रही है लवसूल?''

''नमकहलाल सिपाही नींद और ख्वाब भला क्या जाने हुजूर! मेरे लिए यह तसल्ली ही क्या कम है कि हुजूर ने अगरचे इस नाचीज़ को देहली की हिफाज़त करने लायक सिपाही न माना तो भी अपना दिल खुश करनेवाले भाँड़ की जगह मुझ पर इनायत करके बख्श दी।''

लवसूल का यह तानामेज लहज़ा जुआना बेगम को खुश कर रहा था। उसे भरोसा हो रहा था कि इस रूठे हुए भोले बालम को वह यकीनन जीत लेगी। उसका हाथ पकड़कर बोली, ''आओ नूरे-हुस्न, घड़ी-आध घड़ी मेरी ख्वाबगाह में चलकर बैठो। आज मैं तुम्हें सब कुछ समझा दूँगी—सब कुछ, और वह गधा, या तुम्हें खुश करने के लिए कहूँ कि टॉमस के न होते हुए भी मेरा मुकम्मिल भरोसा पाकर रुस्तमे-जमाँ ही नहीं, रुस्तमे-दो आलम बन जाओगे। आओ।'' उसके पंजे में अपना पंजा डालकर उँगलियों से उँगलियाँ फँसाकर कसती हुई वह ख्वाबगाह की ओर बढ़ी। लवसूल के लिए यह स्पर्श बड़ा मादक था। ख्वाबगाह के दरवाज़े पर पहुँचकर उसने धीरे-से कहा, ''सुनो, मेज़ पर से वह शैम्पेन उठा लाओ। और देखो, महबूबा बाहर बैठी होगी, उससे कहना कि टॉमस का ध्यान रखे। हो सकता है कि जलन के मारे वह इस वक्त फिर अचानक मुझसे मिलने की कोशिश करे। महबूबा उसे अब यहाँ आने न दे।''

प्यासी आँखों से लवसूल को देखती हुई जुआना पर्दा उठाकर भीतर चली गई। लवसूल का दिल और ज़ोर-ज़ोर से धड़कने लगा। बेगम साहिबा का आशय क्या

है? कितनी कठिन परीक्षा लेंगी? टॉमस को अभी उन्होंने गधा कह दिया, यह उसे अच्छा लगा। उसे यहाँ न आने देने की ताकीद भी उसे अच्छी लगी। उसके मन में यह सच भी झलका कि बेगम कहीं उसे सचमुच ही अपना प्यार न दे रही हों, मगर यह ख्याल उठते-उठते दब गया। श्रद्धा, लौकिक प्रेम के दायरे में आकर अपना यथार्थ रूप पाने से स्वाभाविक रूप में चूक गई। अपना पहेली जैसा मुँह लिये वह बाहर दरवाज़े की ओर बढ़ा। महबूबा परदा हटाते ही दिखलाई पड़ गई। खम्भे की टेक लगाए वह बैठी कुछ-कुछ ऊँघ-सी रही थी। लवसूल ने आवाज़ दी, ''महबूबा!''

''जी हुजूर—ओह तुम हो लब्बू मियाँ?'' कहकर उठ बैठी और कमरे के अन्दर आ गई। दरवाज़े के पास ही खड़े होकर दोनों हाथों से उसके कन्धे पकड़कर दबाते हुए लवसूल ने घबराए स्वर में धीरे-से कहा, ''महबूबी, आज तुम्हारे सहारे की मुझे सख्त ज़रूरत है। बेगमे-आलिया मेरा कठिन इम्तहान ले रही हैं। समझ में नहीं आता कि उनकी मंशा क्या है। मुझे रोशनी दो।''

''किस बात की?''

''यही कि...यही कि, मरियम-उल्-अस्मत अगर प्यार की बातों से मेरा इम्तहान लें तो मैं क्या करूँ?''

लवसूल की घबराहट-भरी बात सुनकर वह हल्के से हँस पड़ी, कहा, ''और क्या करोगे, इम्तहान में कामयाबी हासिल करो।''

''मगर किस तरह?''

''क्या यह भी तुम्हें बतलाना होगा कि इम्तहान-ए-इश्क किस तरह अंजाम दिया जाता है? क्या अभी किसी से तुमने इश्क नहीं किया लब्बू मियाँ?''

''मगर यह तो मामूली इम्तहान नहीं है महबूबा। उनकी प्यार-भरी नज़रें देखकर मैं काँप-काँप उठता हूँ। मुझे उनका मंशा समझ में नहीं आती।''

''सब कुछ समझ में आ जाएगा नन्हे-मुन्हे, अपने दिल पर नज़र रखना। वह जो कहे उसे ही सुनना। दिल-ही-दिल को समझता है। बेहोशी का होश गूँगे का गुड़ है जो खानेवाला चख तो लेता है पर बखान नहीं पाता। जाओ, हमारी बेगम साहिबा के लिए तुम्हारी मौजूदगी खुद भी एक इम्तहान बन जाती है।''

लवसूल कुछ न समझ पाया। उसने कहा, ''खैर हुजूर ने कहा है कि टॉमस को न आने देना।''

''हुजूर से कह देना कि उसके लिए मैंने पहले ही से इन्तज़ाम कर रखा है। और देखो, मैं अब यहीं रहूँगी। और बेगम साहिबा के काम से फुरसत पा लेने के बाद तुम वापस अपने डेरे पर नहीं जाओगे।''

''क्यों?''

''हुजूरे-आलिया का मुंशी दिन में जिस जगह बैठकर काम करता है वहीं आज

तुम्हारे सोने का इन्तज़ाम भी किया गया है। शमाएँ वहाँ रात-भर जलती रहेंगी। हमारे और बाहर वालों के लिए तुम रात-भर दफ्तरी कामकाज में मशगूल रहोगे। समझे?"

गूँगी हलचलों की सनसनी से भरा मन और सागरी-मीना लेकर लवसूल ख्वाबगाह में पहुँचा। मद्धिम चाँदनीवाला अँधेरा था; सिर्फ एक ही शमा रोशन थी। जुआना बेगम का चेहरा-ही-चेहरा चमक रहा था। पलंग पर तकियों का सहारा लिये बैठी थी। सुनहरे बाल चमक रहे थे। लवसूल ठिठका, आवाज़ आई, "आ जाओ।"

लवसूल सँभल-सँभलकर सिरहाने के पास आ खड़ा हुआ, मीठी आवाज़ आई, "मेज़ पर रख दो और मेरे नज़दीक आओ।"

लवसूल ने सुराही और प्यालों का सुनहरा थाल सिरहाने की एक संगमरमर की मेज़ पर रख दिया और फिर उसी तरह खड़ा हो गया। जुआना ने करवट लेकर बाहें बढ़ाईं और लवसूल की बाहों को अपनी ओर खींच लाई। नजदीक आने पर दोनों हाथों से उसके दोनों गाल थामकर, उसे झुका और आप उठकर उसकी आँखों में आँखें डालकर मस्त आवाज में फुसफुसाई, "मैं देखना चाहती थी, अँधेरे में तुम कितना चमकते हो।...कोहेनूर हो तुम, महबूबा सच ही कहती है तुम्हारी और बशीर खाँ की आँखों में बस यही फर्क है कि वह मर्द की खूँख्वार आँखें हैं और ये भोले नन्हे-मुन्हे की।"

"यह नन्हा-मुन्ना लफ्ज अब मुझे पागल बना डालेगा हुजूर।"

"मेरे कहने से यह तुम्हें बालिग बना देगा। तुम देखते चलो, जो कहूँ करते चलो। हर सवाल का जवाब तुम्हें सिर्फ अपने मन से ही मिलेगा लवसूल।...लाओ, अपने प्यारे हाथों से एक जाम मुझे दो।"

बेगम ने पी, उसी प्याले से लवसूल को पिलाया। पास बिठाकर उसके गाल से गाल सटाकर कुछ अस्फुट ध्वनियों और चुम्बनों के बहाने से उसके गाल पर अपने होठों की रेखाओं की हल्की-सी छुअन दे-देकर उसकी काया में भूडोल लाती रही। फिर सहसा उठकर बैठते हुए, लवसूल की पीठ से सटकर उठते हुए, बैठकर बोली, "आओ, रात की दुआ हम एक साथ पढ़ेंगे।"

दोनों ने साथ-साथ ईसाई धर्म की रात्रि प्रार्थना पढ़ी। उठे; एक-दूसरे के आमने-सामने हुए, जुआना ने उसे बाँहों में कस लिया और होठों ने होठों को, दिल ने दिल को आलमे-खामोशी में अमृतदान दे दिया। फिर सहसा अलग होकर मीठी-मीठी बोली, "अच्छा, अब आराम करो। महबूबा तुम्हारे आराम का माकूल इन्तज़ाम कर देगी। खुदा तुम्हें एक-दिन शाहंशाहे-हिन्द बनाए, मेरे नन्हे-मासूम की उम्र दराज़ करे!" लवसूल पहेली-सी बाहर निकला और रात-भर बावला बना रहा। जुआना चैन से सो गई थी।

सत्रह

सहारनपुर के नवाब गुलाम कादिर खाँ को जब यह सूचना मिली कि बेगम समरू ने उन्हें धोखे में रखकर देहली के बादशाह की सुरक्षा के लिए अपनी सेनाएँ भेज दी हैं तो गुस्से में आगबबूला हो उठे। उनकी सारी योजना ही बिगड़ गई। गुलाम कादिर का ख्याल था कि समरू चूँकि उनके पुरखों का नमकख्वार रह चुका था, इसीलिए बेगम उन्हीं का साथ देंगी। उन्हें विश्वास था कि हिन्द की मलिका बनने के लालच में आकर बेगम समरू उनके जाल में फँस जाएगी। किन्तु परिणाम उल्टा निकलने पर वे खुल्लम-खुल्ला बादशाह शाहआलम के विरोधी हो गए। क्रोध में आकर उन्होंने शाहआलम के पास यह संदेशा भिजवाया कि समरू की 'रखैल रक्कासा' को कैद करके फौरन ही सहारनपुर दरबार के हवाले कर दिया जाए, वरना उनके गुस्से की लपटें शाहंशाहे-हिन्द को जलाकर खाक कर देंगी। अपनी धमकी को प्रभावशाली बनाने के लिए उन्होंने अपनी सेना को देहली का लाल किला घेरने का आदेश भी दे दिया।

बूढ़ा शाहआलम घबरा उठा। राज-खजाने की स्थिति बहुत ही शोचनीय थी। सम्राट् की साख राजधानी तक में गिर चुकी थी। लाल किले की चहारदीवारी के बाहर सम्राट् का प्रभाव नष्ट हो चुका था। दरबार से सम्बद्ध बड़े-बड़े अमीरो-उमरा अपनी-अपनी गोटी सर करने के लिए अलग-अलग स्वार्थ चक्रों में नाच रहे थे। देहली से बेगम समरू को यह सूचना मिली कि शाहआलम को इस समय नींद में भी सहारनपुरी रुहेलों का डर सता रहा है और मुमकिन हो सकता है कि बादशाह किसी भी समय नवाब गुलाम कादिरखाँ के आगे झुक जाएगा। बेगम समझती थी कि यह स्थिति उसके लिए घातक होगी। वह चिन्तित हो उठी। उसने स्वयं मौके पर—दिल्ली पहुँचकर सूत्रसंचालन करने का निश्चय किया।

लेकिन अपने शासकीय जीवन में पहली बार बेगम जुआना समरू को अपने निश्चय के पीछे एक बाधा सता रही थी। सहारनपुर के नवाब ने जिस तरह से इस समय लाल किले को घेर रखा था उसी तरह लवसूल बेगम के दिल पर घेरा डाले हुए था। पिछले छः-सात दिनों में जुआना बेगम ने हर रात खाने को उसे बुलाया, मीठी-मीठी बातों से उसे लुभाया और खुद भी उसके लोभ में दिन-ब-दिन अधिक-से-अधिक फँसती ही चली गई। चार ही दिनों में उसकी यह हालत हो गई कि अगर लवसूल सामने न हो तो वह सही ढंग से कुछ सोच भी न पाती थी। पिछली रात साथ-साथ प्रार्थना कर चुकने के बाद जब वह उसका आलिंगन और चुम्बन करने के लिए आगे बढ़ी तो लवसूल छिटक गया, बोला, "मैं पत्थर का बेजान पुतला नहीं हूँ हुजूर। मेरे सीने में भी एक अरमान-भरा दिल धड़कता है। पिछले चार रोज़ से हर वक्त बावले सवाल उठा करते हैं। अब इम्तहाने-वफा न दे पाऊँगा। अपनी जान दे देना इससे कहीं ज्यादा आसान काम है।"

"इम्तहान अकेले तुम्हारे लिए ही नहीं, मेरे वास्ते भी है। मैं भी पत्थर की बनी नहीं हूँ, प्यारे लवसूल।"

"आखिर हुजूर आप मुझसे चाहती क्या हैं?"

"क्या चाहती हूँ। सुनोगे? मैं तुम्हें अपने-आपको पूरी तरह से सौंप देना चाहती हूँ। दिलो-जान से तुम पर निसार हूँ और तुम्हारी हो जाना चाहती हूँ।"

"यह आप सच फरमा रही हैं बेगम साहिबा?"

"जुआना कहो प्यारे। तुम्हारे सामने अब मैं बेपनाह हूँ। यह लुकाछिपी का खेल अब मुझसे खेला नहीं जाता।"

बेगम से प्रेम की स्पष्ट स्वीकारोक्ति पाकर लवसूल एकदम से दीवाना हो उठा। उसे अपनी बाँहों में कसकर उसके होठों पर बेसाख्ता चुम्बनों की झड़ी लगा दी। प्यासी काम-वेदना से जुआना कराह उठी। विनय करते हुए उससे कहा, "बस-बस, मुझे इससे ज्यादा मजबूर न करो मेरे सरताज। तुम्हारी खूबसूरती और जवानी आँधी बनकर कहीं मेरी आँखों में धूल न झोंक दे। मुझे तुमसे डर लगता है, तुमसे ज्यादा खुद अपने से डर लगता है।...जाओ, जाओ फिरंगी जादूगर। इस वक्त कारेजहाँ दराज है इश्को-हुस्न के मयासल बवक्ते सुकून हल किए जाएँगे।"

लेकिन लवसूल में भला इतनी ताब अब रह कहाँ गई थी! उसके बावले उतावलेपन ने बेगम को बेबस कर दिया। आत्मदान करने के बाद यह बेबसी और भी बढ़ गई। लवसूल बशीर खाँ और जार्ज टॉमस से कहीं अधिक बड़ा जादूगर सिद्ध हुआ, वह लुट-लुट गई।

और आज सवेरे से वह खुद अपने से बेहद परेशान थी। देहली की ताजा खबरें आने के बाद लवसूल ने हठपूर्वक उससे यह माँग की थी कि उसे भी देहली भेजा जाए–"यह आयरिश गधा इस नाजुक घड़ी में यकीनन नाकामयाब साबित होगा। मुझे उसके ऊपर ज़रा भरोसा भी नहीं है।"

जुआना अपने प्यार से पूरी तरह मजबूर होकर भी देहली की राजनीति में इस समय लवसूल को नहीं झोंकना चाहती थी। उसे अपने अत्यधिक प्रेम के बावजूद अभी लवसूल की राजनीतिक योग्यता पर पूरा विश्वास नहीं था। वह यह भी जानती थी कि लवसूल इस समय दुश्मनों से सामरिक विजय प्राप्त करने से भी कहीं अधिक टॉमस पर अपनी नैतिक विजय पाने के लिए जोश-भरी हठधर्मी साधकर निश्चय ही कोई ऐसी नादानी कर बैठेगा कि उसका बना बनाया खेल ही बिगड़ जाएगा। लेकिन...यह 'लेकिन' ही जुआना बेगम के लिए बड़ा कठिन हो उठा था। भावनाएँ बुद्धि के विपरीत जाकर अपना हठ साध रही थीं। जुआना को अब घड़ी-भर के लिए भी लवसूल को अपनी नज़रों से दूर रखना बड़ा ही कठिन प्रतीत हो रहा था। आज दिन-भर उसका यही तमाशा रहा कि किसी-न-किसी बहाने से लवसूल को बुला लेती थी और अवसर के अनुसार खुली या छिपी गहरी रीझ-भरी दृष्टि से उसे देखती रहती

थी। लवसूल आज अपने-आपको तीनों लोकों का अधीश्वर मान रहा था। उसने दिन-भर अपने मातहत अफसरों यहाँ तक कि जुआना बेगम के सामने भी जार्ज टॉमस को ठीक स्वर्गीय नवाब समरू की तरह आयरिश बुद्धू और गधा कह-कहकर उसका मज़ाक उड़ाया। दो बार जुआना बेगम ने उसे टोका और दोनों बार अमले-ओहदेदारों के रहते हुए ही उसने दरबारी अदब-कायदे निभाने का नाटक करते हुए भी बड़े उद्धत भाव से जुआना बेगम को यह चेतावनी दी कि टॉमस उनका काम बिगाड़ करके ही रहेगा। जुआना बेगम के भीतर वाले प्रशासकीय व्यक्तित्व को लवसूल का यह औद्धत्य बहुत अखरा, पर वह बिना नख-दाँतवाले शिथिल सिंह और बिना विषदन्त-वाले विवश नाग की तरह ही केवल फन फैला-फैलाकर रह गया, उसके अन्दर वाली नारी की रीझ ही जीती। जुआना बेगम के देहली जाने के निश्चय को देह की राजनीति ने देश की राजनीति पर इस रूप में विजय पाने की धमकी दे रखी थी। लवसूल को ले जाऊँ—पर कैसे? लवसूल को छोड़ जाऊँ—पर हाय, कैसे? अपने भीतर की खींचतान से ऊब और हारकर उसने महबूबा को बुलाया।

महबूबा रात ही में समझ गई थी कि जुआना अपने-आपसे हार चुकी है और लवसूल का आकर्षण उस पर विजय पा चुका है। जब रात करीब-करीब बीतने को आई और लवसूल ख्वाबगाह से बाहर न आया, तो महबूबा को एकाएक बड़े-बड़े शक होने लगे थे। बेगम साहिबा को दो बार पुकारकर उसने उन दोनों की सुख-निंदिया तोड़ी। शमा के हल्के उजाले में जिस अलसाई, नींद भरी, मगन मस्त चाल से लवसूल बाहर आया और महबूबा को देखकर मुस्कराते हुए ज़ोर से उसके कन्धे पर एक थाप देकर झूमता हुआ मुंशी के दफ्तर में सोने चला गया, उसे देखकर ही महबूबा को लगा था कि 'नन्हा-मुन्ना' अब बदल गया है। सुबह जागने के सब रियासती शकुनों की रस्म-अदायगी होने पर जुआना ने जिस तरह दूसरी बाँदियों के सामने ही अलसाई बाँहें महबूबा के गले में डालकर खींचते हुए उसे बड़े भाव से चूमा था, वह देखकर ही महबूबा समझ गई थी कि आज बेगम बावली हो गई है। महबूबा को लगा कि यह उसकी सहेली-मालकिन का चारित्रिक पतन है। बेगम का टॉमस से सम्बन्ध होने पर उसे यह महसूस नहीं हुआ था क्योंकि बेगम तब भी बेगम थी, सबकी मालकिन, अपने प्रेमी टॉमस की भी। लेकिन आज उसे लगा कि उसकी सखी-स्वामिनी अब लवसूल की विजित दासी हो गई है। उसे इसका गहरा दुःख हुआ। लवसूल के लिए उसके सारे उदार भाव कठोर हो गए। बशीर खाँ के लिए भी मन में शंका जागी, शायद वह दिलाराम की उन्नति से पीड़ित होकर उसे पराजित करने की इच्छा से ही लवसूल को यहाँ छोड़ गया है और अब उसके कलेजे को ठंडक पड़ेगी।

बेगम के बुलाने पर महबूबा सामने पहुँची। आँखों-से-आँखें मिलीं। मुन्नी जानती थी कि उसकी महबूबी को यह सब अच्छा नहीं लगा। बेगम बनने के बाद उसे पहली बार किसी के सामने अपने-आपको अपराधी महसूस करने का अनुभव हुआ, विवशता

भी अनुभव हुई मगर परिस्थिति की आवश्यकता को समझते हुए अपनी बालसखी के सामने भिखारी की मुद्रा में आने से उसके मन को संकोच नहीं हुआ, प्यार से कहा, ''महबूबिया?''

''बेगमे-आलिया!''

''आह, आह बेगमे-आलिया! मेरे अन्दर की औरत पर इस लफ्ज की दीवार बराबर चुनती चली आ रही है...मेरा दम घुट रहा है...उस...उस मुश्तरी की तरह जिसे मैंने...महबूबा, मेरी बहिन, मैं यह सब छोड़-छाड़कर कहीं भागना चाहती हूँ।'' उसका स्वर अपने अन्तर की घुटन और भय से जड़ीभूत हो रहा था।

''इस वक्त तुम्हें पुराने नाम से पुकारूँ मुन्नी? मेरा सर तो कलम न करवाओगी?''

''सता मत महबूबा...मैं आप ही दुखियारी हूँ।'' मुन्नी के स्वर में आँसू छलछला आए थे, गो उसकी नज़रों में न झलके।

महबूबा गम्भीर होकर बोली, ''मैं हैरान हूँ मुन्नी, कि जो शख्सियत अठारह कोस लम्बी और बारह कोस चौड़ी रियासत के पत्ते-पत्ते को अपने काबू में रख सकती है, मराठे, रुहेले, बादशाह, कम्पनी बहादुर...हिन्दोस्तान में आज ऐसी कौन-सी ताक़त है जो बेगम जुआना समरू के आगे अदब से अपना सर नहीं झुकाती? मैं पूछती हूँ, जिसके काबू में ज़माना हो वह खुद भी अपने काबू में क्यों नहीं? एक ही दिन में एक खूबसूरत चेहरे के पीछे यों दीवानी बनोगी तो बताओ भला, हथेली से चाँद कितने रोज़ छिपेगा? और फिर वह उम्र में भी तुमसे आठ-नौ साल छोटा है।''

खोई आवाज़ में जुआना ने उत्तर दिया, ''इश्क उम्र नहीं, दिल देखता है।''

''मुश्तरी ने भी यही कहा था। इसी के लिए बेचारी दीवार में चिनवाई गई।''

सत्य से आँख मिलाकर जुआना कठोर हो गई, बोली, ''वह वक्त और था। तब बशीर मियाँ की आखिरी नसीहत का भूत हम पर सवार रहता था...।'' रुककर, फिर ठंडी साँस लेकर कहा, ''हमारा दिल तब नादान था।''

''और अब दाना दिल फिर से नई नादानियाँ करने लगा है। टॉमस जैसा वफादार और समझदार साथी तुम्हें ढूँढे न मिलेगा।''

''हाँ, मगर वह वफा की कीमत चाहता है। शादी करना चाहता है।''

महबूबा तीखी पड़ी, बोली, ''क्यों न चाहे, खुद तुमने ही उसके लिए चारा बिखेरा था।''

एक आह भरकर जुआना बोली, ''क्या करूँ महबूबी, मेरा नसीब मुझे दगा दे गया। तब क्या जानती थी कि लवसूल मेरी ज़िन्दगी में यों अचानक आ जाएगा।''

महबूबा के मन में सखी के लिए सहानुभूति जागी, कहा, ''लब्बू मियाँ बहादुर है, जवाँमर्द है और बला का खूबसूरत है, मगर यह क्यों भूलती हो कि वह बेहद जज्बाती और ज़िद्दी भी है। नादान दोस्त से दाना दुश्मन भला होता है मुन्नी! तुम हुस्न में छिपे हुए एक बन्दर को पाल रही हो।''

यह हकीकत बड़ी तेज़ी से परम चतुरा और कुशाग्रबुद्धि जुआना की नज़रों में आ गई। लेकिन वे नज़रें इस समय ऐसी रीझ भरी थीं कि खुद अपने मन का सच भी तेज़ छुरी-सा काट गया। बड़ी वेदना के साथ उसने कहा, ''अपनी बात ज़रूर कहो गुइयाँ, पर यों मेरे कलेजे के छिलके तो न उतारो। कुछ भी हो, मैं अब लवसूल को हरगिज़-हरगिज़ नहीं छोड़ सकती। बड़ी देर से अपने नन को समझा रही हूँ कि तेरे नन्हे-मुन्ने को इस ताज़ा जोश में अपने साथ देहली ले जाना खतरे से खाली नहीं है। वह प्यारा नादान किसी-न-किसी तरह टॉमस पर अपनी जीत ज़ाहिर करने से न चूकेगा।''

''बिल्कुल सही है। उसे मत ले जाओ।''

जवाब देने से पहले जुआना दिल-ही-दिल में घुटती गई। मन की घुटन उसके खूबसूरत चेहरे पर साफ झलक रही थी। इस बार आँख तक छलछला उठीं, बोली, ''पर अब मैं उसे देखे बिना पल-भर भी ज़िन्दा नहीं रह सकती महबूबा! मैं सही ढंग से सोच भी न पाऊँगी। वहाँ काम में मेरा जी न लगेगा, जो और भी बुरा होगा। तू मेरा एक काम कर दे महबूबिया, किसी तरह अपने नन्हे-मुन्ने को समझा-बुझाकर तू उससे यह कसम ले ले कि वह किसी भी हालत में टॉमस की हुक्मउदूली नहीं करेगा।''

''तुम्हीं क्यों नहीं उससे यह भरोसा लेतीं?''

सुनकर जुआना उदास हो गई, बोली, ''मैं बेबस हूँ। तेरा नन्हा-मुन्ना अब मेरा शेर है, मैं बेचारी गाय हो गई।'' जुआना के एक-एक शब्द में उसके अन्दर वाले सत्तात्मक अहम् की विवश घुटन एक निर्मम सत्य बनकर बोल रही थी।

महबूबा अपने भीतर-ही-भीतर उलट-पुलट गई; दबाते-दबाते भी सिसकियाँ मुँह से निकल पड़ीं। पल्ले से अपने आँसू पोंछते हुए उसने कहा, ''मुझसे जो कुछ भी हो सकेगा करूँगी।''

जुआना एक बार फिर निश्चिन्त हो गई।

अठारह

लवसूल, महबूबा, मेरी और जोज़ेफ को लेकर बेगम दिल्ली के लिए रातों-रात रवाना हो गई। जोज़ेफ उसका प्रचारक और भेदिया था; मेरी उसकी विश्वस्त और परम चतुर बाँदी थी; महबूबा दासी होते हुए भी उसका आत्मरूप थी, और लवसूल?—वह उसकी साँस था, दिल की धड़कन था, उसके आगे वह कुछ भी नहीं थी, वही उसका सब कुछ था। बेगम समरू चतुर्भुजा होकर भी कमज़ोर थी। उसकी तीव्र संचेतना इसे महसूस कर रही थी। यह पहला ही अवसर था जब कठिन राजनीतिक परिस्थितियों

से मोर्चा लेते समय उसका ध्यान काम-काज की बातों से हटकर प्रेम की बातों में रम जाता था। उसके भीतर यह परिवर्तन उसके अब तक के स्वभाव के विपरीत और असम्भव न होते हुए भी अचानक आया था। जुआना इसके कारण खुद अपने-आपसे तो ज़रूर नाराज़ थी, पर लवसूल से हरगिज़ नहीं। बीच-बीच में चलती पालकी का पर्दा उठाकर पालकी के साथ-साथ घोड़े पर चलते हुए अपने 'बाँके सिपहिया' को देख वह अपनी आँखें जुड़ा लेती थी। हाय रे इश्क, हाय री मजबूरी! लड़ाई के मोर्चे पर जाते हुए बेगम का दिल दीवाने आशिकों के अन्दाज़ और शायरों की तर्ज़ पर चल रहा था।

पालकी कहारों की ऊँचार वाला 'रामा हो' की गुहारें, दौड़ते घोड़ों की खबड़-खबड़ के बीच में भी अपनी अखण्ड प्रेम-समाधि में निर्विघ्न रूप से लवलीन बेगम की सखी-दासी महबूबा अपनी प्रिय मित्र मेरी के साथ अपनी पालकी में लेटी हुई बातें कर रही थी। मेरी की नज़रों से भी बेगम और लवसूल का नया नाता छिपा न रहा था, यद्यपि वह सुनियोजित रूप से हर रात बेगम के शयन-कक्ष से दूर रखी गई थी। मेरी के खोद-खोदकर पूछने पर महबूबा उससे कुछ भी न छिपा सकी। अपनी स्वामिनी के प्रति मेरी की अटूट श्रद्धा टक् से टूट गई। उसका और उसके पति का पहला नाता अपने 'असली' मालिक टॉमस से था। महबूबा इसे समझती थी, और उसकी 'मुन्नी' के प्रति उनकी निष्ठा कम न हो, उसकी कर्त्तव्यशीलता शिथिल न पड़ जाए, इसलिए समझाते हुए बोली, "अपने शौहर से अभी कुछ न कहना, मेरी। साँड़ और शेरनी का यह गैर-कुदरती साथ ज्यादा दिनों तक निभ न पाएगा। शेरनी एक दिन साँड़ को मारकर खा जाएगी। टॉमस साहब ही मेरी मुन्नी के शौहर बनेंगे, तुम देख लेना।"

हर कोस पर पालकी-कहार बदलते चलते थे। इसलिए पालकियाँ बराबर घोड़ों से होड़ लेकर दौड़ रही थीं। एक जगह पड़ाव पर बेगम ने पालकियाँ रोकने का आदेश लवसूल को दिया। बेगम थक गई थी। मेरी और महबूबा हुक्का, शराब और गजक लेकर आ गई। लवसूल भला उस नियामत से कैसे दूर रखा जा सकता था। बेगम की पालकी के भीतर ही बुला लिया गया। मेरी और महबूबा बेगम की पालकी के दोनों ओर खड़ी हुई थीं। मशालची उनसे दूर खड़े थे। सिपाहियों के घोड़े खड़े-खड़े अपनी टापें पटक रहे थे; सिपाहियों के तमाखू के बटुवे खुल गये थे।

लवसूल ने बेगम से धीमे स्वर में कहा, "तुमने महबूबा से क्यों कहलवाया जुआना, और मुझे इतना नादान क्यों समझा कि मैं ऐसे नाजुक मौके पर उस आयरिश बुद्धू को नाराज़ करके तुम्हारा नुकसान करूँगा?"

पालकी के दोनों पर्दे पड़े हुए थे। खाने-पीने के लिए एक छोटी कपूरी बत्ती पालकी में जलाकर रख दी गई थी, उसी के प्रकाश में रीझी हुई दृष्टि में अपने पिया का मुख निहारती हुई जुआना ने कहा, "अपने होनेवाले शौहर का अदब रखने के लिहाज ही से मैंने महबूबा से तुम्हें कहलवाया था। मैं जानती हूँ कि तुम नादान

नहीं हो, मगर यह भी कैसे भूलती कि एक जंगल में दो शेरों का गुज़ारा बड़ी मुश्किल से होता है।''

''मैं कर लेता जुआना, अगर उस गधे की जगह कोई समझदार अफसर होता।''

''तुमने हमारी वो हिन्दोस्तानी कहावत सुनी है ना, कि मौके पर गधे को भी बाप बनाना पड़ता है। जब तक तुम सियासती शतरंज के पक्के खिलाड़ी नहीं बन जाते और दरबारे-देहली में अपने लिए वैसी जगह नहीं बना लेते जैसी कि उस गधे ने अपने वास्ते बना रखी है, तब तक तुम्हें उसके साथ बखूबी निभाव करना ही पड़ेगा। हिन्दोस्तानी सियासत इस वक्त दलदल में है। हम अगर अपने हाथ-पाँव बचाकर नहीं चलेंगे तो हमारी ईसाई शाहंशाही का बेड़ा ही गर्क हो जाएगा।''

''जुआना! दिल्लीवालों की नज़रों में मेरा मरतबा बढ़ाने के लिए यह एकदम ज़रूरी है कि दिल्ली पहुँचते ही मुझे उस गधे से कहकर कोई ऐसा मोर्चा ज़रूर दिलवाना जिस पर मैं अपने फौजी हुनर का कमाल दिखला सकूँ। वह दो दिन में लड़ाई जीतेगा तो मैं दो घड़ी में जीतकर दिखला दूँगा।''

और किसी ने यों शेखी हाँकी होती तो जुआना यकीनन नफरत के साथ उस पर नाराज़ हुई होती, मगर अपने नन्हे-मुन्ने का यह बड़बोलापन भी मुन्नी को रिझा गया, बोली, ''तुम फिक्र मत करो। लेकिन अपनी वह कसम हरगिज़ न भूलना जो तुम्हें महबूबा ने दिलाई होगी।''

आध-पौन घड़ी विश्राम लेकर जुआना बेगम की पालकी फिर दिल्ली की ओर सरपट दौड़ चली। लवसूल के साथ क्षण-भर का एकान्त बिता लेने से बेगम का मन काबू में आ गया था। देह की राजनीतिक चालों से सन्तुष्ट होकर उसका ध्यान अब देश की राजनीतिक चालों में रमने लगा था।

दिल्ली की दशा बड़ी दिगरदूँ हो रही थी। लाल किले का खज़ाना खाली था। रुहेलों ने किले पर ज़बरदस्त घेराव डाल रखा था। बेगम ने जाते ही सारी सूचनाओं के सूत्र अपने हाथ में लेने के लिए अपने दिल्ली स्थित विश्वस्त अधिकारी रहमत खाँ को बुलवाया, पूछा, ''क्या खबरें हैं रहमत खाँ?''

''हुज़ूर नज़ीर साहब इस वक्त बादशाह के सबसे बड़े खैरख्वाह बनकर उन्हें दगा दे रहे हैं। शाही महलों पर गोलाबारी करनेवाला बागी गुलाम कादिर उनकी चलते यकीनन जीत जाएगा। बादशाह के साथ-साथ हमें भी धोखा दिया जा रहा है।''

बेगम चिढ़ गई, कहा, ''रहमत खाँ, साँसें खुदा की देन होती हैं, फिजूल बातों में दम भरकर उन्हें ज़ाया न करो। बात क्या हुई?''

''नज़ीर की बेईमानी से मेरा दिल भड़क उठा है बेगमे-आलिया! वह बादशाह को यह कहकर दहला रहा है कि खाली खज़ाना ज्यादा दिन तक लड़ाई को न चलने देगा और वह हार जाएगा।''

''शाही खज़ाना क्या बिल्कुल खाली हो चुका है रहमत खाँ?''

''इस वक्त तो हुजूर शाही बेगम के जेवर व दीगर असबाब बेच-बेचकर यह लड़ाई चलाई जा रही है और बदकिस्मती से वह रकम भी अब करीब-करीब चुक गई।''

जुआना गम्भीर चिन्ता में पड़ गई, फिर ठसक से हुक्का गुड़गुड़ाकर कहा, ''हूँ! तो गुलाम कादिर नादिरशाह और अब्दाली की तरह से शाहंशाहे हिन्द का मालिक बनकर लाल किले में शान से कदम रखने का ख्वाब देख रहा है?—लेकिन बेगम समरू के रहते हुए यह नामुमकिन है, रहमत खाँ!''

''जी सरकार!''

''टॉमस को इन बतकहियों की खबर नहीं मिलनी चाहिए। उसका हौसला इस वक्त बुलन्दी पर है। लड़ाई का सारा खर्च हम बर्दाश्त करेंगे।''

''हुजूर के हुक्म की तामील होगी।''

उन्नीस

रुहेलों के गोले दम नहीं ले रहे थे। दिन भर घमासान लड़ाई हुई और इसके साथ-ही-साथ लवसूल और टॉमस में भी आपसी तौर पर थोड़ी-बहुत ठन गई। लवसूल टॉमस के साथ नई मोर्चेबन्दियों के नक्शे को लेकर आखिरकार उलझ ही पड़ा और हठीले टॉमस ने नाराज़ होकर उसे हुक्म दिया कि वह इसी दम सरधना वापस लौट जाए। जुआना के लिए गनीमत इतनी ही हुई कि लवसूल ने अपने वचन की लाज निबाही। वह सिपहसालार साहब के खेमे से बिना कुछ कहे ही बाहर निकल आया और अपना वचन निबाहने के जोश और गुस्से में बेगम से मिले बगैर ही बशीर खाँ के यहाँ चला गया। बेगम ने यह खबर पाई तो घबरा उठी। महबूबा से कहा कि फौरन ही एक आदमी लवसूल के पीछे दौड़ाया जाए और उसे लौटा लिया जाय। इसके साथ-ही-साथ वह टॉमस से मिलने के लिए भी उत्सुक हो उठी। इस समय देह की राजनीति के लिए वह देश की राजनीति को बिसार न सकी। यदि लवसूल के बिना वह शान्ति न पा सकी तो टॉमस के बिना विजय भी उसके लिए असम्भव हो जाएगी। इसके अलावा उसका मन प्रेमासक्त होते हुए भी इस बात से इनकार नहीं कर सकता था कि नादानी लवसूल ने की है। लवसूल से झड़प हो जाने के बाद भी टॉमस अपनी ही योजना के अनुसार मोर्चे सँभालता रहा जिससे कि कठिन युद्ध के बावजूद उसकी सामरिक स्थिति डिग न पाई। युद्ध के बाद रात के समय टॉमस और जुआना की भेंट हुई। युद्ध के सारे हाल सुनकर जुआना काफी हद तक सनसना उठी। चिन्ता भरे, खुशामद-भरे स्वर में बोली, ''टॉमस, तख्ते-हिन्दोस्तान की लाज इस वक्त तुम्हारे ही हाथ में है। तुम्हारी हार हमारी मौत का बायस होगी।''

"क्या बेकार की फिक्र करती हो जुआना, दुनिया की तमाम ताकतें मिलकर भी उस समय तक जार्ज टॉमस का मुकाबला नहीं कर सकतीं जब तक कि तुम उसका हौसला-अफज़ाई करती रहोगी।"

टॉमस का हाथ अपने दोनों हाथों के बीच में लेकर जुआना ने बड़े भाव से कहा, "खुदा के बाद हमें तुम पर ही भरोसा है टॉमस! तुम वह ज़मीन हो टॉमस, जिस पर कि हमारे पाँव टिके हैं; तुम वह ज़मीर हो जो लड़खड़ाने पर मुझे थाम लेता है। मैं तुम्हारी बहुत-बहुत एहसानमन्द हूँ।"

"एक-दूसरे के लिए हम अब कहाँ तक एहसानमन्द होंगे जुआना। मातम का यह साल बीतते हुए देर न लगेगी, फिर हम और तुम सदा के लिए दुनिया की नज़रों में एक हो जाएँगे और यह हसीन ख्वाब हर दुश्मन को नेस्तनाबूद करने का हौसला बराबर मुझे देता रहेगा।"

जुआना चोर की तरह चुपचाप सुनती रही। फिर बात को पलटते हुए उसके और लवसूल के मतभेद वाले प्रसंग को उठाते हुए बोली, "हमने सुना है कि लवसूल तुम्हारे सामने गुस्ताखी से पेश आया था।"

"मैंने उसे सज़ा दे दी है। उसे वापस सरधना भेज दिया है।"

जुआना बेगम ने चुपचाप सुन लिया, फिर दो पल चुप रहकर झिझकते स्वर से खुशामदी लहज़े में कहा, "वह बड़ा नादान है टॉमस!"

"नादानी सिर्फ बच्चों की किसी हद तक बर्दाश्त की जा सकती है..."

बात काटकर जुआना बोली, "उसका दिल एकदम बच्चे जैसा ही है टॉमस। समरू यही कहा करते थे, महबूबा भी यही कहती है।"

"मगर उसकी नादानी हुजूर के लिए कभी परेशानियों का बायस भी बन सकती है।"

जुआना के दिल ने इस हकीकत को तस्लीम तो किया मगर इस कटु सत्य को झटपट आँख से ओझल करने के अन्दाज़ से उसने कहा, "खैर, इस मसले पर भी कभी गौर किया जाएगा। इस वक्त तो गुलाम कादिर खाँ के बोल हमारे कलेजे में बर्छी की अनी-से चुभ रहे हैं।"

"उसकी बदज़बानी का जवाब देने की ताकत हमारी तोपों में है, मगर लवसूल की बदज़बान..."

"आह टॉमस! तुम समझते क्यों नहीं? तुम्हारे लिए हमारे दिल में बड़ी इज़्ज़त है।"

सुनकर टॉमस की ईर्ष्या ने व्यंग्य में कहा, "मेरे लिए इज़्ज़त और खूबसूरत बला से शायद तुम्हारे दिल में प्यार..."

अपना चेहरा गम्भीर बनाकर, ठंडे-मीठे उपदेश-भरे शब्दों में जुआना ने कहा, "शक व शुबहों के तहखाने में बड़ी सीलन होती है टॉमस! उसमें रहने से दिल अकड़ जाता है और उसके प्रकाश का चिराग बुझ जाता है।" यह कहकर जुआना उठी और

दोनों हाथों से टॉमस के दोनों गाल थामकर धीमे जोशीले स्वर में बोली, ''इधर देखो टॉमस, तुम्हारी बहादुरी और जाँनिसारी की तस्वीर हमारी आँखों में नक्स है।''

इतने जादू से ही टॉमस बँध गया, बोला, ''वादा करो प्यारी जुआना, कि समरू के मातम का साल पूरा होते ही दो-चार दिन के भीतर फौरन हमारी शादी हो जाएगी। इस रुहेले का फन कुचलते ही जीत की खुशी के साथ-ही-साथ मैं अपने सिपाहियों में इस खुशखबरी की लहर भी दौड़ा देना चाहता हूँ। फौज में नया जोश आ जाएगा।''

सुनकर बेगम ने चतुराई से कन्नी काटी, बोली, ''इतनी बात का फैसला हम लड़ाई जीतकर ही करेंगे। यकीन रखो, अपने वक्त पर सब कुछ होगा और बखूबी होगा। इस वक्त तो, बहादुर टॉमस, तुम्हारी फौलादी शेरों की दहाड़ें सुनने के लिए हमारा दिल बेताब है।''

दोनों ने साथ खाना खाया। चलने से पहले प्रेमी ने प्रेमिका को अपने प्यार का सबूत देना चाहा, लेकिन जुआना का एक हाथ अपने और उसके होठों के बीच में आ गया और दूसरा उसके और अपने शरीर की सीमा रेखा बनकर अड़ गया। जुआना नीति को मान देते हुए भी इस समय सत्य पर आसक्त थी। उसकी देह, उसके मन-प्राण अब केवल लवसूल को ही समर्पित थे, किसी स्वार्थ के लिए झूठी खुशामद में अब वह टॉमस को उसे छूने भी नहीं दे सकती थी।

बीस

अपने चेले लवसूल से बशीर खाँ सब कुछ जान गया। सुनकर वह हँस पड़ा था, कहा था, ''अक्ल बहुत दूर तक जिस्मानी हुस्न पर ज्यादा अरसे तक लट्टू नहीं हुआ करती बरखुर्दार। अक्ल को अक्लिया हुस्न से ही रिझाया जा सकता है, समझे! यह बड़ा नाजुक मौका है। मेरी मानो और दिलाराम से जाकर कहो कि वह तुम्हें शाहजादा जवाँबख्त के नाम एक खत देकर बिन्दराबन भेजे। सियासते-देहली से दुखी होकर वह आजकल वहीं राजा हिम्मतबहादुर के मेहमान हैं। राजा की फौज लेकर उनके यहाँ तशरीफ लाने से बड़े बादशाह का दिल एक बार फिर तैमूरी जोश से भर उठेगा। लाल किले की खबरें बहुत अच्छी नहीं हैं लब्बू खाँ। बादशाह इस वक्त इतने डरे हुए हैं कि किसी भी वक़्त अपना फैसला बदलकर गुलाम कादिर खाँ से समझौता कर सकते हैं। वह समझौता मेरी दिलाराम और तुम्हारी जुआना के हक में बहुत ही बुरा साबित होगा।''

अपने गुरु और बड़े भाई के समान बशीर खाँ की सलाहों से प्रेरणा लेकर लवसूल रात में जुआना बेगम के डेरे पर पहुँचा। महबूबा ने उसे देखकर भावहीन स्वर में पूछा, ''तुम कहाँ चले गए थे लब्बू मियाँ? बेगम साहिबा तुम्हारे लिए बेहद परेशान हैं। उन्हें तुम्हारे आने की खबर दे दी है।''

कुछ ही पलों के बाद लवसूल अपनी शासिका-प्रियतमा के सामने था। मान और क्रोध से उसका चेहरा अब भी कसा हुआ था। उसे देखते ही भिखारिन जुआना के दिल की झोली भर गई। झपटकर आगे बढ़ी और बड़ी अधीरता से उसे अपने आलिंगन-पाश में बाँध लिया, बोली, ''आह लवसूल! तुम्हारे बगैर मेरी दुनिया ही खो गई थी!''

''जार्ज टॉमस के रहते हुए भी!''

जुआना तड़प उठी। उसके गाल पर एक मीठी-सी चपत लगाकर बोली, ''ज़ालिम! हमारी मजबूरी का यूँ मज़ाक न उड़ाओ। तुम्हारे सामने आते ही हमको ध्यान हो आता है कि खुदावंद करीम ने हमें औरत बनाया है। तुम्हारे बगैर अब हम पल-भर भी नहीं रह सकते।''

''औरत!'' लवसूल सनक-भरी हँसी से अपनी प्रियतमा को निस्तेज करता हुआ बोला, ''कुछ रोज़ पहले सरधना में तुम्हारे किस्सागो ने मुझे उस परी की कहानी सुनाई थी जो अपनी तबीयत बहला लेने के बाद अपने आशिक को जादू की छड़ी से छूकर मुर्दा बना दिया करती थी।''

''मगर मैं तो तुम्हें ज़िन्दगी बख्शना चाहती हूँ प्यारे!''

''टॉमस की जूतियाँ चूमने का नाम ज़िन्दगी नहीं। मैं उससे किस बात में कम हूँ जो उस गधे की गुलामी करने के लिए मजबूर किया जाऊँ? और अगर तुम्हें यही मंजूर है जुआना, तो अपने हाथों मुझे ज़हर दे दो।''

''तुमसे पहले खुद मुझे वह ज़हर पीना पड़ेगा। मेरी बात मानो। मेरी मजबूरी को समझो। सियासत हर काम के लिए सबूत माँगती है। तुम्हारी लियाकत और बहादुरी फिलहाल उस कली के मानिन्द है जिसकी महक और खूबसूरती का राज़ अभी खुलने को है।''

''मैं समझता हूँ कि उसकी नौबत ही न आने पाएगी, क्योंकि तुम्हारा बड़ा अज़ीज़ सिपहसालार टॉमस यह नहीं होने देना चाहता। मैंने बिन्दराबन जाकर शाहज़ादा जवाँबख्त को समझा-बुझाकर यहाँ लाने की बात कही थी। मगर वह गधा बिगड़ गया। तुम्हीं इन्साफ करो कि रुहेले अगर दो चक्की के पाटों के बीच में फँसा दिए जाएँ तो क्या हमें उनसे फायदा न पहुँचेगा?''

जुआना की प्रेम-मदिर आँखों की रीझ चौबाला हो गई, बोली, ''तुमने टॉमस को यह सलाह दी थी?''

''जी हाँ, बेगमे-आलिया!''

''तब उसने मुझसे झूठ बोला। तुम्हारी सलाह अनमोल है प्यारे, और ताज्जुब इस बात का है कि खुद हम भी इस वक्त यही सोच रही थीं। मैं तुम्हें इसी वक्त दो खत लिखकर देती हूँ। पहले बिन्दराबन जाकर शाहज़ादा सलामत और महन्तजी से मिलना, उसके बाद आगरे जाकर मिर्ज़ा इस्माइल बेग से मुलाकात करो। परसों

सुबह तक इन दोनों की फौजें अगर यहाँ आ जाएँ तो फिर इंशा-अल्लाह फतह हमारी होगी।''

''मैं इसी वक्त जाने के लिए तैयार हूँ।''

जुआना चट स्वयं पत्र लिखने बैठ गई।

इक्कीस

दूसरे दिन घमासान लड़ाई हुई। रुहेलों ने टॉमस को लोहे के चने चबवा दिए। अपनी सेना का हौसला बुलन्द करने के लिए जुआना बेगम स्वयं रणक्षेत्र में इधर-उधर डोलती रही। फिर भी रात के समय उसके चेहरे पर हवाइयाँ उड़ रही थीं। जुआना बेगम ने टॉमस को हौसला तो तरह-तरह से दिया, मगर यह न बतलाया कि लवसूल सहायता पाने के लिए वृन्दावन और आगरे भेजा गया है।

तीसरे दिन लड़ाई को गरमाए हुए एक घड़ी भी न गुज़री थी कि शहर में शोर मच गया, बेगम समरू का होशियार फिरंगी नायब सिपहसालार शाहजादा जवाँबख़्त और मिर्ज़ा इस्माइल बेग की फौजें लेकर आ गया है। बेगम और उसके दोनों सिपहसालारों की तारीफों के पुल जगह-जगह बाँधे जाने लगे। जोज़ेफ की प्रचार मशीन बड़ी तेज़ी से घूम रही थी। शहरवालों का हौसला बुलन्दी पर था। रुहेलों की सेना में भी इस सम्बन्ध में बड़ी-बड़ी अफवाहें पहुँचाई जा चुकी थीं। शाहजादा जवाँबख़्त, महन्त हिम्मतबहादुर और मिर्ज़ा इस्माइल बेग के मैदान में आ जाने से लड़ाई का नक्शा ही बदल चुका था। गुलाम कादिर खाँ को अपनी गिरफ्तारी के भय से मजबूर होकर बादशाह की शरण में जाना पड़ा और दंडस्वरूप शाही खज़ाने में एक बड़ी लम्बी रकम जमा करनी पड़ी। जीत की खुशी में तमाम शहर में जश्न मनाए गए। दरबार हुआ। बूढ़े शाहआलम ने जुआना बेगम को 'जेबुन्निसा' और 'दुख़्तरेखास' के खिताब दिए। वह अपने दोनों सिपहसालारों को लेकर दरबार में गई थी। उसने बादशाह से टॉमस की बड़ी प्रशंसा की, लेकिन युद्ध में विजय दिलाने का श्रेय लवसूल ही को दिया। टॉमस ने इसका बहुत बुरा माना। टॉमस और लवसूल में जमकर ठन गई। सरधना लौट आने पर दोनों का आपसी मनमुटाव यहाँ तक बढ़ा कि बेगम के सिपाहियों से उसके प्रेम की बात छिपी न रह सकी। सेना को लवसूल के पक्ष में करने के वास्ते जुआना खुले हाथों से रुपये लुटा रही थी। टॉमस अन्त में बेगम साहिबा के दर्शन तक करने से वंचित कर दिया गया। इसका प्रतिशोध लेने के लिए टॉमस ने बशीर खाँ की मार्फत ही एक सुन्दर युवती को खरीदकर अपना विवाह एक दिन गिरजाघर में जाकर कर लिया और इस खुशी के मौके पर बेगम की सेना में खूब मिठाई बँटवाई। मेरी और जोज़ेफ अब खुल्लम-खुल्ला टॉमस के पक्षधर हो

गए। मेरी और जोज़ेफ के जादुई प्रचार ने बेगम की सेना में इस बात के हल्ले बाँध दिए कि टॉमस की औरत जुआना बेगम से अधिक सुन्दर है।

संयोगवश उसी समय बेगम के घर की फूट का लाभ उठाने के लिए सिन्धिया का एक सरदार अप्पाखण्डेराव टॉमस को अपनी ओर मिलाने के वास्ते छिपकर आया था। सरधना से कुछ दूरी पर एक स्थान में दोनों का गुप्त मिलन हो रहा था। जुआना बेगम को अपने भेदियों से टोह लग गई और क्रोध में आकर उसकी नवविवाहिता पत्नी को कैद कर लिया, टॉमस और बेगम में खुल्लम-खुल्ला युद्ध ठन गया। लवसूल के सितारे उस समय बुलन्दी पर थे। उसने टॉमस को हराकर ब्रिटिश राज्य की सीमा में खदेड़ दिया।

समरू की सेना जार्ज टॉमस को बहुत चाहती थी। उसके निकाले जाने से सेना में दबा-दबा असन्तोष फैलने लगा। ऐसी नाजुक घड़ी में बशीर खाँ जुआना बेगम से मुलाकात करने के लिए सरधना आया। पहले गुपचुप महबूबा से मिला। लोगों की नज़रों से बचाने के लिए महबूबा उसे अपने निजी कमरे में ले गई। कमरे में एक खूबसूरत नक्काशीदार दीवालगीरी पर हाथी-दाँत पर बनी हुई उसकी मुन्नी की एक तस्वीर रखी हुई थी। बशीर खाँ उसे देखने लगा। एकाएक खुद-ब-खुद बोला, ''दुख्तरे-खास, शाहंशाहेहिन्द, जेबुन्निसा फख्रे-मिल्लते-मसीही, जागीरदार-ए-सल्तनत-ए-मुगलिया, जनाब-ए-आलिया, नवाब जुआना समरू बेगम साहिबा...ओफ्फो! क्या लम्बा-चौड़ा नाम हासिल किया है हमारी मुन्नी, हमारी दिलाराम ने!''

फल तराशते हुए महबूबा बोली, ''दुनिया अब मुन्नी और दिलाराम को भूल चुकी बशीर मियाँ। अब तो चारों तरफ बेगम समरू साहिबा का नाम ही रोशन हो रहा है। भरे दरबार में बादशाह ने खुद अपने दस्तमुबारक से हमारी मुन्नी को खिलअत अता फरमाई और दुख्तर-ए-खास का खिताब दिया। हमारी बेगम साहिबा न होतीं तो आज गुलाम कादिर खाँ रुहेला शाहे-आलम को अपनी उँगलियों पर नचा रहा होता।''

''दरींचे शक। मरहबा, मरहबा, मैं अपनी प्यारी शागिर्दा को मुबारकबाद ही देने आया हूँ।''

''वह वाकई इस काबिल है, इसमें ताना देने की क्या ज़रूरत थी?''

''नहीं, मैं तो आलमे-इश्क में उसकी फतहयाबी पर मुबारकबाद देने आया हूँ। रईस के मनबहलाव का खिलौना बनाते हुए मैंने दिलाराम की आँखों-में-आँखें डालकर इश्क के रंगो-पेच उसे समझाए थे। सुना है कि शाहे-हिन्द की इश्क-ए-खास ने उस हुनर में भी पूरा कमाल हासिल कर लिया है। वह फिरंगी लौंडा लब्बू खाँ बड़ा किस्मतवाला निकला।''

यह व्यंग्य करके बशीर खाँ ने महबूबा के कलेजे के घाव पर मानो नमक छिड़क दिया। फलों की तश्तरी उसके सामने रखते हुए वह चिढ़कर बोली, ''ये सारी बातें सोचकर ही तो लब्बू मियाँ को तुम यहाँ नौकरी दिला गए थे। क्या कहूँ बशीर मियाँ, मेरे मालिक रह चुके हो तुम, मगर ईमान से कहती हूँ, यह अच्छा नहीं किया तुमने।''

"बुरा क्या किया मैंने? रईस को हुक्के और शराब की तरह ही शौक के लिए एक माशूक भी तो अज़हद ज़रूरी था। मेरा इन्साफ देखो कि एक फिरंगी की दौलत मैं दूसरे फिरंगी को दिलवाने का इन्तज़ाम कर गया। बूढ़े समरू से तो कोई औलाद हमारी दिलाराम को हो नहीं सकती थी, अब इससे फज्ले-खुदा से उसके दस-बीस बच्चे होंगे। समरू की लूटी हुई दौलत ठिकाने से लग जाएगी।"

"दौलत ही का सवाल तो इस वक्त हमारी मुन्नी को चैन नहीं लेने दे रहा है।"

"क्यों?"

"ऐसे पूछते हो कि मानो तुम्हें दिल्ली में पता ही न चला होगा।"

"किस बात का?"

"मेरे सामने ज्यादा बनो मत बशीर मियाँ। दिल्ली की लड़ाई का खर्च उठाया किसने? हमारी बेगम साहिबा ही ने तो! शाही खज़ाने में तो ताँबे का एक टका भी नहीं था। मगर बादशाह का भला करने जाकर मुन्नी ने खुद अपने ही लिए इस वक्त मुसीबत मोल ले ली है।"

"क्या हुआ?"

"अरे चक्कर-ही-चक्कर है इस वक्त। टॉमस साहब से बिगाड़ करके हमारी मुन्नी ने अपने हक में अच्छा नहीं किया। उनके जाने से फौज यों ही बिगड़ी हुई थी। अब उनकी तनख्वाहें चुकाने के वास्ते खज़ाने में पैसा नहीं रहा तो इधर हफ्ते-दस रोज़ में सिपाहियों का गुस्सा बराबर बढ़ता ही जा रहा है। सुनने में आया है कि कल तो फौजवालों ने खुल्लमखुल्ला हमारी मुन्नी और लब्बू मियाँ पर फब्तियाँ कसी थीं। मैं तुम्हारे पाँवों पड़ूँ बशीर मियाँ, फिरंगी नौजवान के भेष में लाए हुए मेरी मुन्नी के इस बदनसीब को तुम किसी तरह अपने आप ही अब वापस ले जाओ। बहुत से अज़ाबात किए हैं तुमने, इसके खून का एक पाप अपने सिर पर और न चढ़ाओ। तुम्हीं फायदे में रहोगे बशीर मियाँ। मुन्नी और यह जागीर फिर तुम्हारे हाथों में आ जाएगी।"

"रईस औरतों को इश्क में फँसाकर लूटनेवाले आम तौर से बड़े छोटे दिल के, लालची और बुज़दिल हुआ करते हैं महबूबा। बशीर खाँ औरतों का सौदागर ज़रूर है मगर औरत की दी हुई रोटी खानेवाला ओछा इन्सान नहीं। फिर इसके लिए तो अब्बा मरहूम मुझे कसम दिला गए थे। अपनी ही जूठन को अब दुबारा क्या खाऊँगा जानेमन, और अगर शादी ही करनी होगी तो तुम्हें यहाँ से उड़ा ले जाऊँगा।"

महबूबा का मुख लाज से लाल हो उठा। दबी खुशी और लाज-भरी आवाज़ में मुलायमियत से बोली, "मैं भी तो तुम्हारी जूठन ही हूँ बशीर मियाँ।"

"मेरी ही हो। किसी और ने तुम्हें फिर नहीं जुठारा। दिलाराम तन की खूबसूरत है लेकिन तुम्हारे मन के हुस्न के आगे उसके तन का जादू फीका पड़ जाता है।"

अपनी प्रशंसा भी महबूबा के मन का कटु सत्य न दबा सकी, बोली, "तुम्हीं ने उसे ऐसा बना दिया, वरना मुन्नी ऐसी न होती। मैं तुम्हारे पाँव छूती हूँ, तुम लब्बू

मियाँ को जैसे मुन्नी की ज़िन्दगी में लाए थे वैसे ही फौरन वापस ले जाओ। तुम्हारे इस एहसान के लिए मैं उम्र-भर तुम्हें अपने दिल में खुदा की तरह पूजूँगी।''

बशीर खाँ चुप रहा, खाता रहा, फिर बोला, ''अपनी मुन्नी से मेरी मुलाकात करवा दोगी महबूबा!'' जवाब देने से पहले ही दीवार में जड़ा आईना दरवाज़े की तरह खुल गया। चोर दरवाज़े के भीतर जुआना खड़ी थी। पहली नज़र बशीर खाँ ही की पड़ी। चट से आगे बढ़कर बाकायदा कोर्निश करते हुए बशीर खाँ ने कहा, ''बन्दा खिदमत में आदाब बजा लाता है सरकारे-आलिया।''

सरकारे-आलिया के मुखचन्द्र पर चिन्ता का ग्रहण लगा हुआ था; आँखों में गहरी उदासी , चेहरे पर उड़ती हवाइयाँ। बोली, ''तुम बशीर मियाँ! एक मुद्दत के बाद देखा तुम्हें।''

''बदनसीब हूँ और क्या कहूँ। औरतों का सौदागर ठहरा और हुजूरे आलिया खुद ही औरत हैं। मेरे...''

बशीर खाँ की बात क़ाटकर, बात की प्रक्रिया में चेहरे पर क्षण-भर के लिए अपना नैसर्गिक तेज और दर्प लाकर जुआना बोली, ''हम किस मर्द से कम हैं बशीर खाँ? हिन्दोस्तान की मौजूदा तवारीख पर हमसे ज्यादा भला किस मर्द ने इतना असर डाला?''

''मरहबा, मरहबा! मगर मर्द रईसों से आप एक बात में कम हैं ही नवाब दिलाराम साहिबा।''

दिलाराम के मन का चोर सहमा। मगर उसी दर्प के साथ अपने भोलेपन को साधकर पूछा, ''किस बात में?''

''अरे, यही कि मर्द के दो-चार निकाही बीवियाँ होती हैं और सौ-पचास दिल बहलानेवाली खूबसूरत गुड़ियाँ भी वह हरम में रखता है। मगर हुजूर ने तो अभी एक गुड्डा और एक शौहर ही अपने हरम में आबाद किया है। गुड्डा भाग गया, शौहर मर गया और हुजूर बेगम साहिबा फिर भी अपने वास्ते सिर्फ एक ही शौहर चुन रही हैं, और वह भी ऐसा जो कि खिलौना भी हो और शौहर भी।''

जुआना चुप रही। उसके चेहरे का पानी फिर ढल गया। बशीर खाँ एक नज़र उस पर डालकर बोला, ''मैं तो तुम्हें मुबारकबाद देने आया था दिलाराम?''

''किस बात की? बादशाह ने मुझे खिलअत अता फरमाई, इसीलिए?''

''अमाँ नहीं। वह तो चार-पाँच महीने पुरानी बात हो चुकी। मैं तो आज रात लब्बू खाँ के साथ तुम्हारी होने वाली शादी की मुबारकबाद देने आया हूँ।''

''शादी? आज रात में?'' आश्चर्य से उभचुभ होकर महबूबा ने बशीर खाँ से पूछा और मुन्नी की ओर देखने लगी। मुन्नी अपराधिनी-सी आँखें झुकाए बैठी थी। बशीर खाँ कहने लगा, ''मर्दाने और ज़नाने रईस में यही फर्क होता है महबूबा। मर्द गुनाह भी करता है तो खुलकर। औरत भला यह हिम्मत क्योंकर दिखला सकती है!''

''यह फैसला तुमने कब किया मुन्नी?'' महबूबा ने पूछा।

हँसकर बशीर खाँ बोला, ''यह फैसला तुम्हारी मुन्नी ने नहीं किया महबूबा। यह तो उस लौंडे की ज़िद और इनकी बदनसीबी ने किया है।''

''मैं अपनी निजी ज़िन्दगी के मुतल्लिक किसी से भी बात करना पसन्द नहीं करती।''

''बेहतर है। तुम भले ही बात न करो, मगर दुनिया का मुँह कैसे रोक सकोगी?''

''पादरी के सिवाय कोई इस खबर को नहीं जानता। तुम्हें कैसे पता चल गया बशीर खाँ?''

''तुम्हारे पादरी का खत लेकर जो शख्स टॉमस के पास जा रहा था, उसे चाँदपुर की सराय में बेहोश बनाकर छोड़ आया हूँ। मौके की बात थी कि वह आदमी मुझी से टकरा गया। साले को शराब पिला-पिलाकर औंधा कर आया हूँ। लीजिए, यह खत जो आपके मातबर पादरी ने टॉमस के पास भेजना चाहा था।'' कहकर बशीर खाँ ने जेब से खरीता निकालकर जुआना के कदमों में फेंक दिया। जुआना वैसी ही बैठी रही, न हिली, न डुली। महबूबा तो तब से पत्थर की पुतली बनी बैठी थी। बशीर खाँ सख्त आवाज़ में बोला, ''आपसे उस आदमी की सोगवारी का रस्मिया एक साल भी न गुज़ारा जा सका हुजूर बेगम साहिबा, जिसने दस हज़ार अशर्फियाँ मुझे देकर आपको खरीदा और इस मर्तबे पर पहुँचाया था? ज़माना तुम्हारे मुँह पर किस तरह से थूकेगा, यह भी मुतलक न सोचा? और इसी अक्ल पर हिन्दोस्तान की रियासत की बागडोर सँभालोगी? मैं तुम्हें आगाह करने आया हूँ दिलाराम, वक्त रहते चेत जाओ, यह तुम्हारे उरूज का वक्त है। तुम्हारी शोहरत और लियाकत का आफताब इस वक्त ऊँचे आसमान पर है—आखिर में तुम कर क्या रही हो दिलाराम? सिन्धिया और शाहआलम को वश में कर सकीं, मगर अपना ही नादान दिल तुम्हारे वश में न हुआ?''

गहरी उदासी तोड़कर दर्द में खोए हुए स्वर से जुआना बोली, ''दिल न सिन्धिया है न शाहे-आलम, दिल आखिर दिल ही है और वह भी एक औरत का दिल!''

महबूबा चोट खाई नागिन-सी तड़प उठी, सारा अदब बिसारकर क्रोध और घृणा के साथ हाथ बढ़ाकर जुआना से तीखे व्यंग्य में बोली, ''मुश्तरी की मौत पर अब तो दो आँसू गिरा दो मुन्नी। इसी दिल के पीछे तुमने उस बेचारी की जान ली थी।''

''और दिल ही से मजबूर होकर मैं भी आज उस फिरंगी लौंडे की जान ले लूँगा जिसकी नादानी मेरी दिलाराम को यों बरबाद करने जा रही है।''

बशीर खाँ की बात सुनकर आशंका मात्र से जुआना उस शेरनी की तरह खूँखार हो उठी जिसके नर या बच्चे को किसी ने गोली मार दी हो। तड़ककर कुर्सी से उठते हुए उसने कहा, ''किसी की मजाल नहीं कि मेरे लवसूल को एक कंकड़ी भी उठाकर मार सके। उसकी हिफाजत के लिए मैं अपने बशीर खाँ और अपनी महबूबा तक की बोटी-बोटी कुत्तों से नुचवाने में गुरेज़ न करूँगी।''

उसके गुस्से की आग पर बशीर खाँ की ठंडी हँसी का पानी पड़ा, सहज स्वर

में वह बोला, "तुम्हारी रियासत अब महज तुम्हारा दिल-भर ही है दिलाराम। जब उस पर ही तुम्हारा काबू नहीं, तो यह समझ लो कि नवाब समरू की दी हुई रियासत के किसी आदमी पर भी अब तुम्हारा वह काबू नहीं रह गया। दिल के काबू में रहने ही से आलम काबू में रहता है।"

जुआना बेगम का गुस्सा ठंडा पड़ गया। वह चुप हो गई। उसकी खोई हुई आँखें कहीं पर टँग गईं, फिर गम्भीर स्वर में कहने लगी, "मैं हकीकत को जानती हूँ, मगर उस पर अमल नहीं कर सकती, मैं अपनी नादानी को भी पहचानती हूँ, मगर उससे बच नहीं सकती। मेरा भोला-भाला दिल तोड़कर तुमने उस खाली जगह में जिस खुदगरज और खुद्दार औरत को बिठाकर मुझे यहाँ भेजा था वह अब अपनी मौत मरना चाहती है। टूटा हुआ दिल फिर से जुड़कर मुकम्मिल होना चाहता है। मैं अब अपने-आपसे पूरी तौर पर मजबूर हूँ बशीर खाँ, और मुझे मेरे ही हाल पर छोड़ दो।"

बशीर खाँ ने तैश में कहा, "देखो जी, मैं तुम्हारा उस्ताद हूँ और तुम्हारा पहला आशिक भी। मैं अपने जीते-जी यह तमाशा हरगिज़ न होने दूँगा। तुम दोनों में से एक की जान आज ज़रूर लेकर जाऊँगा। बोलो किसको सज़ा दूँ?"

जुआना ने रूखी हँसी हँसकर जवाब दिया, "मैं मरना नहीं चाहती और लवसूल को अब तुम न मार सकोगे। जाओ बशीर खाँ, तुम्हारी मौजूदगी मेरे जमीर के भूत को बार-बार सामने लाकर मुझे डरा देती है। मैं तुमसे कह चुकी न! मेरे नसीब का लिखा अब टल नहीं सकता। लवसूल को पिछले एक माह से समझा-समझाकर हार गई कि सोगवारी का यह साल पूरा हो जाने दो, मगर टॉमस ने अपने भेदिये उस जलील कुत्ते जोज़ेफ की मार्फत मुझे और लवसूल को मेरी फौज में इस तरह से बदनाम किया है और हमारे नाम को हल्के मज़ाकों का बायस बना दिया है कि उनसे चिढ़-चिढ़कर वह शादी की हठ ठान चुका है। वह कहता है कि उस बदनामी से यह बदनामी लाख दर्जे बेहतर है। मुझे भी उसकी यह बात सही लगी और..."

"बात वाकई सही है दिलाराम, लेकिन यह न भूलो कि फौज में और भी बलवा मच जाएगा। पहले सबको तनख्वाह दे लो, पैसे-वैसे खूब बाँट लो, लोग-बाग जब खुश हों तो भले ही यह नादानी कर लेना।"

"खुदा गवाह है, मैं यही समझती थी बशीर खाँ, पर वह नादान नन्हा-मुन्ना तो यह समझता ही नहीं।"

सुनकर महबूबा ने कहा, "तब फिर एक इजाज़त चाहती हूँ बेगमे-आलिया! मैं बशीर मियाँ के घर से आपकी माँगी हुई यहाँ उधार आई थी, अब मुझे फिर से बशीर मियाँ को लौटा देने का करम फरमाइए।"

बशीर खाँ बोला, "ठीक है, तुम मेरी ही मिल्कियत हो। तुम्हें किसी समरू या उसकी बेगम ने मुझसे नहीं खरीदा था। जिस भरोसे के लिए तुम्हें मैंने यहाँ आने दिया था उसकी ज़रूरत अब नवाब जुआना समरू साहिबा को नहीं रही। ले जाऊँ न इसे हुजूर?"

'हुजूर' शब्द के व्यंग्य पर जुआना की आँखें कटोरियों-सी भर उठीं, रुँधे गले से बोली, ''ले जाओ, मेरा किसी पर क्या ज़ोर है। अपने सिर पड़ी आप ही निपटूँगी। अच्छा दोस्तो, अलविदा! महबूबा, मैं एक खास काम से तुम्हारे पास आई थी मगर जाने दो, अब तुम भी मेरी न रहीं। कोई न रहा, खैर अलविदा, अलविदा!'' जुआना तेज़ी से अपनी आँखें पोंछती हुई चोर दरवाज़े में घुस गई। बशीर खाँ और महबूबा खड़े देखते ही रह गए।

बाईस

बशीर खाँ के जाने के बाद जुआना का पहला काम हुआ पादरी को बुलाकर कैद करना! धमकियों से डराकर उसे अपने और लवसूल के विवाह का पुरोहित बनाया, उसके बाद भी उसको कैद में ही रखा।

सेना में यह अफवाह उड़ा दी गई कि पादरी से नाराज़ होकर लवसूल ने उसे दीवार में चिनवा दिया है। सेना बावली हो गई। जहाँ-तहाँ यह आवाज़ें उठने लगीं कि दुश्मन लवसूल को दीवार में चिनवा दिया जाए। टॉमस से बेगम की लड़ाई और अपने वेतन के अदा न होने का कारण लवसूल को बतलाया जा रहा था। सेना सरधना का महल घेरने के लिए बढ़ी आ रही थी। रात चढ़ रही थी। बाहर का शोर बेगम को आतंकित कर रहा था। वह लवसूल को खोज ही रही थी कि थोड़ी देर में वह घबराता हुआ आया, बोला, ''जुआना, मेरी ज़िन्दगी खतरे में है। पूरी फौज बागी हो गई। वो लोग मेरी जान लेना चाहते हैं। मुझे दीवार में ज़िन्दा चुनने की बातें कर रहे हैं।''

सुनकर जुआना का चेहरा भय से शव की तरह निस्तेज हो गया, वह भय से आप-ही-आप बड़बड़ा उठी, ''दीवार में चुनेंगे? मुश्तरी...मुश्तरी की रूह...नहीं! मैं किसी को तुम्हारे साथ ऐसा बर्ताव हरगिज़ न करने दूँगी। मैं एक-एक की जान ले लूँगी।''

''सिपाही कहते हैं कि अगर तुम मुझे बचाने की कोशिश करोगी तो वे तुम्हें भी मेरे साथ हलाक कर देंगे।''

शोर बढ़ता ही जा रहा था। बेगम के प्रभावशाली व्यक्तित्व के विरुद्ध एक बार गुस्से-भरी अनर्गल बातें फटते ही उसके महल के नौकर और बाँदियाँ तक उससे कन्नी काटने लगे थे। जुआना को अब किसी पर भी भरोसा नहीं रह गया था। वह लवसूल को लेकर चोर दरवाज़े से भागी। अस्तबल के दारोगा को कीमती मोतियों की एक माला देकर एक उम्दा घोड़ा लिया और लवसूल को लेकर भाग निकली।

लेकिन सेना उनके पीछे पड़ चुकी थी। लवसूल के लिए लोगों के मन में भयंकर क्रोध जाग चुका था। कुछ का यह भी खयाल था कि लवसूल ने किसी से जादू

करवाकर बेगम को अपने वश में कर रखा है। उस जादू को अपने क्रोध की आग में भस्म करने के लिए लोग उनके पीछे-पीछे दौड़ पड़े। जुआना और लवसूल मुश्किल से डेढ़-दो कोस ही बढ़ पाए थे कि अनगिनत घोड़ों की टाप और बावला शोर निकट आने लगा। जुआना घबराकर बोली, ''अब हम बच नहीं सकते। वे लोग कुत्तों की तरह हमारी जानें लेंगे।''

''इन जलील दरिन्दों के हाथ से मरने के वास्ते मैं पैदा नहीं हुआ था जुआना! अगर मेरी ज़िन्दगी को इसी वक्त खत्म होना है तो वह मेरे ही हाथों से होगी।'' लवसूल घोड़ा रोककर कूद पड़ा। जुआना को सहारा देकर उतारा। उसके दोनों गालों पर अपने हाथ रखकर आँखों-में-आँखें डालकर वह बोला, ''दुनिया से जाने से पहले एक बार तुम्हें जी भरकर देख लूँ, जी भरकर प्यार कर लूँ, जी भरकर...''

शोर अब और भी पास आ चुका था। आलिंगन-पाश से छूटकर लवसूल ने तमंचा निकाला, उसे जुआना के होठों के पास लाते हुए कहा, ''इसे चूम लो जानेमन, इसकी गोली जुआना बनकर मेरे दिल में समाएगी।'' शोर निकट था। जुआना पत्थर की तरह खड़ी थी। लवसूल ने खुद ही तमंचे को उसके होठों की लकीर का स्पर्श देते हुए बिजली की फुर्ती से अपने दिल पर रख लिया। धाँय-धाँय! लवसूल लाश बनकर गिर पड़ा। जुआना वैसी ही खड़ी रही। मशालें, घोड़े और बागी सिपाही अब एकदम उसके सामने ही आ चुके थे। ''ये आकर मुझे झिंझोड़ेंगे। नहीं, वह हरगिज़ न होगा। जानेमन, मैं भी तुम्हारे पीछे-पीछे आ रही हूँ।'' कहकर जुआना झुकी, लवसूल के निर्जीव हाथ से तमंचा लिया और धाँय से अपनी कनपटी के पास दागा।

तमंचे की आवाज़ उसके बागी फौजियों को उसके पास ले आई, परन्तु उसकी जान न ले सकी। गोली कनपटी को जरा छीलती हुई निकल गई थी। वह बेहोश होकर गिर पड़ी। सैनिकों ने दोनों को घेर लिया। लवसूल को मृत देखकर सिपाहियों ने उसकी लाश से ही बदला लिया। निर्ममता से उसकी बोटी-बोटी काटकर और बेहोश जुआना के शरीर पर उसके कटे अंगों को डाल-डालकर गन्दे-से-गन्दे उद्गार प्रकट करने लगे। फिर जुआना को उठाकर उसके महल में ले आए।

विशाल महल के सामने तोपगाड़ी पर रस्सियों से बाँधकर जुआना को सिपाही भद्दी-भद्दी बातें सुनाते रहे। उसके महल में घुस-घुसकर उसी के सिपाहियों ने बहुत-सा माल नष्ट किया, बहुत-सा लूट लिया।

जुआना होश आने पर भी बराबर आँखें मींचे रही।

अठारह घण्टे बीते। भूख-प्यास, देह की आवश्यकताएँ, चिलचिलाती धूप, बावले बागियों की गालियाँ और तरह-तरह की बातें–जुआना पर अब किसी चीज़ का असर बाकी नहीं रह गया था। उसका सोचना ही बन्द हो गया था। परिस्थितियों और भावनाओं के घूँघट-दर-घूँघट उठते-उठते जुआना के सम्मुख यह सत्य स्पष्ट हो गया था कि